外来食文化と日本人

八百啓介［編］

Yao Keisuke

九州外来食文化研究会

◉弦書房

装丁＝毛利一枝

〈カバー表〉
三官飴の図（『豊国名所』北九州市立自然史・歴史博物館所蔵）
飴師の図（『人倫訓蒙図彙』）
〈カバー裏〉
各地の振り茶用茶筅
〈本扉〉
平野飴の飴引き（『日本山海名物図会』）

目次

はじめに

日本の文化は日本列島が大陸から切り離された一万年前を起源として、中国大陸、朝鮮半島をはじめとする外来文化を吸収しながら発展してきた。そのことは食文化においても同様である。今日、世界遺産として注目される「和食」の代名詞である寿司、天ぷら、うどんのうち、天ぷらは南蛮料理とよばれたポルトガルの食文化、うどんは中国禅宗寺院の間食である点心を起源とし、日本人にとってなくてはならない抹茶や煎茶が仏教とともに中国からもたらされたことからも明らかである。

そしてこの中国大陸、朝鮮半島、ヨーロッパからの外来文化すべての日本列島への窓口が、福岡、佐賀、長崎県域である北部九州地域であったというのもまた興味深い事実である。それは古代の北部九州と朝鮮半島とのつながり、古代の太宰府から中世の博多に至る宋の時代の中国との交流、戦国時代から江戸時代にかけての長崎を窓口とするポルトガルやオランダによる西洋の文物の受容とともに新たな外来文化が次々と入ってきたということから明らかである。

「目立った文化がない」とされる北九州であるが、関門海峡、玄界灘という国内外の文明の十字路であっただけに、その食文化は極めて多様であり、そのせいか北九州には家政学から考古学にいたる様々な分野で食文化に注目する研究者がいるということは興味深い。本書の意義は、こうした様々な食文化を様々な視点から研究することにあると言える。

九州外来食文化研究会は二〇〇七（平成一九）年五月、九州と深いかかわりを持つ外来食文化である茶・砂糖・南蛮菓子の研究を目的として北九州市立大学大学院で食文化史を専攻していた上野晶子さんと小野智美さん、西南女学院大学の池田博子先生との四人でスタートした。その後、三官飴をはじめとする北九州の食文化の歴史を考古学の視点から研究されている佐藤浩司氏、考古学から民俗学に至る幅広い視点から北部九州の菓子の研究を行っておられる牛嶋英俊氏、日中の茶を中心とした食文化比較が専門の馬叢慧氏、中国雲南省の照葉樹林文化の研究者である金縄初美氏の諸先生方を加えて、様々な学問分野から様々なテーマを論じてきた。本書は研究会の設立一〇年を機に、食文化の話題の奥深さと学問の多様性を世に問うものである。

本書の構成と狙いを述べる。

第一章「東南アジアから来た照葉樹林食文化」は気鋭の人類学者が東アジアの視点から我が国における外来食文化の起源を探るものであり、納豆、赤飯（おこわ）、茶という日本の日常から祭事に及ぶ食文化がアジアの照葉樹林文化をルーツとしていることを述べたものである。

第二章「発掘でひもとく日本人」は長らく埋蔵文化財発掘の現場に携わって来た考古学研究者の視点から縄文時代の採集食文化、弥生時代のコメ作り、奈良時代、江戸時代の役人たちの飲酒についてアプローチしたものであり、日本文化＝稲作文化論に慣れた我々にとってはコメが実は究極の外来食文化であるという指摘にはハッとさせられよう。

第三章「お茶のよもやま話」は究極の「外来食」であるお茶についての様々なテーマを様々な学問分野から論じたものである。なぜ抹茶を泡立てて飲むのか、泡立てて飲むお茶の仲間や複数の種類のお茶を混ぜて飲むブレンド茶や、今日もなお日本全国三〇〇か所で生産されている国産紅茶の話など、一見お茶のことは知り尽くしたように思える私たちの知らないお茶のよもやま話である。

第四章「北九州の菓子今昔」は江戸時代の城下町小倉の銘菓であった三官飴と鶴の子の歴史、明治時代の絵馬から読み解く菓子の製造方法、現代の小倉におけるロールケーキによる町おこしを取り上げる。江戸時代の小倉は、南蛮文化、黄檗文化、飴文化の交差する地域であったが、現存する菓子は少ない。これら名菓を復活し往時の賑わいを取り戻すヒントはロールケーキでの街おこしにあるのかもしれない。

第五章「食を彩る小道具と製法」は技術と科学の視点からのユニークな食文化研究である。外来食文化の受容は食物のみならず食器や食事作法の受容も含む。我が国においてはスプーンやテーブルの文化が発達しなかった代わりに、たとえば中国や韓国に比べて箸の先端は鋭く発達した。また中国や朝鮮半島から伝わった飴の技法など今日の日本人の器用さや工業製品における創意工夫は身近な食文化においても見られることに気付くであろう。

第六章「江戸・明治期の外来食文化」は江戸時代の長崎にもたらされた外来食文化と幕末の城下町小倉の菓子屋について概観するとともに、江戸時代の長崎に代わって明治時代には北九州の門司が海外からの砂糖や外来食文化の窓口となったことを述べたものである。改めて北九州地域が食文化の十字路であったことがよくわかる。

第七章「日本で育てた外来食」は日本に定着した外来食文化が海外に進出して現地で新たな「外来食文化」として受け入れられるといういわば食文化の逆輸出現象をラーメン、カレー、菓子、茶などから取り上げたものである。「外来食文化」とは我々日本人にとって重要であるとともに、海外の人々にとっても新鮮で魅力ある双方向性をもつ文化であることを認識できる。また第六章とともに日中の食文化の交流の地として台湾の果たした役割の重要さに気づかされる。

このように本書は、日本の何気ない食文化が、昔からの外来文化に深く根ざすことによって形作られたことを示すとともに、寿司、天ぷら、そば・うどんにとどまらない今日の日本の食文化の海外への発信の原動力が、ほかならぬ日本にもたらされた外来の食文化にあることも示していると言えよう。

（八百啓介）

第一章　東南アジアから来た照葉樹林食文化

照葉樹林文化と納豆

「照葉樹林」という言葉が文化との関わりを持つようになったのは、一九六六（昭和四一）年に、中尾佐助が『栽培植物と農耕の起源』で「照葉樹林文化論」を提唱したことによる。「照葉樹林文化論」では、ヒマラヤ南麓のネパール、ブータンから雲南の地を経て長江下流に至り、さらに日本西南部を網羅した東アジアの温暖帯に広がる照葉樹林帯に共通する文化の比較検討を通じて、日本の伝統文化を構成する諸要素の源流が探索された。照葉樹林は、カシ、シイ、クス、ツバキなど表面に光沢のある常緑の広葉樹の総称で、その種の樹木が生育することから照葉樹林帯とよばれるようになった。中尾佐助は照葉樹林帯を調査し、その地域の文化要素に、森の幸の利用、焼畑農業の営み、漆の利用、竹細工と竹文化の広がり、歌垣、山の神への信仰など、日本の伝統文化に見られる諸要素と共通する点が多いことから「照葉樹林文化」と名づけた。その中で食文化の共通点として挙げられたのがイモ類の根や木の実をつき砕いて水にさらし、アク抜きをして食用にしたり繊維をとったりする技法、茶葉を加工して飲む慣行、柑橘とシソ類の栽培と利用、麹を用いた酒の醸造、モチ性の食品を好むこと、味噌や納豆などの大豆発酵食品の利用、ナレズシを作る慣行、コンニャクの製造などである。

照葉樹林帯のなかで、日本文化の源流として注目を集めたのが雲南省である。雲南省は中国の西南部に広がる雲貴高原の南に位置し、多様な植物、動物が生息している。また多くの民族が暮らし、多様な文化が共存している地でもある。私は雲南省の西北部にある麗江からさらに約二五〇キロ離れた濾沽湖（ルグフ）に暮らすモソ人の母系社会を調査するため、ここ二〇年、ほぼ毎年雲南を訪れている。その実地調査において印象に残っている食の一つが、照葉樹林帯で共通していると指摘された大豆発酵食品である。

中国では大豆発酵食品のことを一般的に「豆豉（トウチ）」というが、雲南では「豆豉（トウチ）」、あるいは「豆司（トウシ）」という。中国では以下のように分類される。

一つは食塩の有無による分類で、無塩発酵の淡豉と加塩発酵の鹹豉である。もう一つは含水量による分類で、「干豆豉」と「湿豆豉」及び「水豆豉」の三種に分けられる。

雲南の市場を訪れると、納豆にさまざまな種類があり、味も形も多様であることが実感できる。市場の店先にいくつもの大きなポリバケツの中に発酵した豆が盛られているのが目に付く。昆明の市場に並ぶ大豆発酵食品には、乾燥したもの、泥状のもの、豆粒状のもの、ひきわり納豆のように細かく砕いてあるもの、唐辛子が入ったピリ辛タイプなどがあり、多種多様である。日本の伝統食といわれる納豆は雲南にも存在しているのである。

二〇〇三（平成一五）年に昆明から麗江を経由して瀘沽湖まで実地調査に行った際、昆明の市場で乾燥した唐辛子入りの豆鼓と少し水分がある豆鼓、それと無塩の豆鼓を買って携帯し、少しずつ食べた。屋台での朝食では唐辛子入りの豆鼓がお粥や饅頭（マントウ）のお供にうってつけであった。無塩の納豆はネバネバこそ少ないが、味は日本の納豆とほぼ同じで、なつかしい味であった。麗江の宿泊先では食事の時に炒めた唐辛子入りの豆鼓が出され、瀘沽湖の宿でも麗江と同様、唐辛子入りの豆鼓をそのまま炒めたり、肉のミンチと一緒に炒めたりしたものが出され、この地域では無塩の豆鼓はほとんど食べられていないようだった。これまでの研究によると、無塩のものは雲南南部の西双版納（シーサンパンナ）周辺で多く食されるが、日本の「糸引き納豆」に比べると糸は引かないという。

日本の納豆は次の二種類に分類される。

一つは、無塩大豆発酵の「糸引き納豆」であり、煮た大豆を稲藁の苞に入れて保温すると、藁の中に生息していた納豆菌が煮豆の表面について繁殖し、発酵がおこってできる。もう一つは「浜納豆」「大徳寺納豆」と呼ばれる「塩辛納豆」で、煮豆を麹菌で発酵させたのち、塩水を加え、一ヵ月以上発酵させた黒褐色の納豆で、中国から禅宗とともに伝来し、今日では調味料として使われることが多い。

「塩辛納豆」は味噌、醤油の原型となった発酵食品で、唐代の僧侶・鑑真が鹹豉を持ち込んだことが『当大和上東征伝』に記されているほか、七〇一（大宝元）年に制定された「大宝律令」

のなかに「醤」「豉」という名で記されている。「納豆」という言葉の文献上の初見は、『新猿楽記』（藤原明衡著）（一〇六一〜一〇六五年頃成立）という当時の庶民の風俗などが描かれた平安後期の随筆である。そこに記されているのは「糸引き納豆」という説と「塩辛納豆」だという説に分かれているが、当時すでに「納豆」とよばれた発酵大豆食品が食されていたことは明らかである。

「糸引き納豆」の消費量はおおむね東高西低である。その起源については、全国各地に伝説が残されている。そのひとつに平安時代、八幡太郎義家（源 義家）が奥州（現岩手県）に安部一族の反乱征伐に行った時、納豆作りを覚え、京都へ帰る途中、各地で納豆作りを教えていったというものがある。近畿地方以西には納豆の文化があまりみられず、納豆を嫌う人が多いが、九州では比較的よく食べられており、熊本県や大分県日田地方には安部宗任の納豆伝説が残されているという。その伝説によると、先の奥州征伐で義家軍の捕虜となった安部一族の宗任は、九州大宰府に流され、そこで奥州の文化を広め、その中には納豆があったというのである。このように、「塩辛納豆」は文献に登場し、その起源や伝来ははっきりしているが、「糸引き納豆」については、各地に残る伝説にとどまっている。

照葉樹林文化論では、ブータンのリバ・イッパ、アッサムのナガ族のアクニ、雲南の豆司（豆豉）、北部タイのトゥア・ナオ、インドネシアのテンペ、ヒマラヤのキネマ、日本の納豆を結ぶ範囲に無塩の大豆発酵食品が分布しているとし、その三角地帯を「納豆トライアングル」とよび、

「糸引き納豆」の起源は雲南省あたりにあると指摘している。『納豆の起源』では、ミャンマーの納豆は雲南の普洱（プーアール）辺りからシャン（タイ）族の移動とともにもたらされたとみている。インドネシアのテンペ、ヒマラヤのキネマなどは枯草菌の違いにより日本の「糸引き納豆」のように粘りが強くないものの、発酵大豆食品、つまり「納豆」である。

この壮大な文化論の中で、日本古来の伝統食品である納豆を通じて、文化の多様性と共通性、文化と生態環境の関連を考えることができるのが、食文化研究の深さであると感じとることができた。今後、雲南を訪れる際の楽しみが一つ増えたように思う。

「彩色おこわ」と「赤飯」「染飯」

二〇一二（平成二四）年夏、多くの少数民族が暮らす中国・貴州省を訪れた。貴州省にはミャオ族、ヤオ族、トン族、イ族など多くの少数民族が居住している。貴州省の九割は山地丘陵地帯で、「十里不同風、百里不同俗」と言われ、同じ民族でも居住する地域が異なれば、異なる習俗があるといわれる。なかでもミャオ族は湖南省・貴州省・広西チワン族自治区、雲南省など広範囲に居住し、中国五五の少数民族のなかで四番目の人口を有し、二〇〇〇(平成一二)年の統計では約八〇〇万人の人口を有している。雲南省や広西チワン族自治区と国境を接するベトナム、ラオス、タイなどにも多く住み、東南アジア諸国では「モン族」と呼ばれている。ミャオ族の民族衣装はまさにきらびやかである。精巧な刺繍や染めが施された上着とプリーツスカートを身にまとい、頭部や耳、首元に美しい銀細工を飾っている。

著名な考古学・人類学者である鳥居龍蔵が一九〇二(明治三五)年から約九カ月間、西南中国を踏査旅行し、ミャオ族に関する民族調査報告(一九〇七〔明治四〇〕年)と調査記録(一九二六〔昭和元〕年)を出版したことにより、その生活形態や文化などが比較的早い時期に日本に伝わった。一九〇七(明治四〇)年には、松本清張も「ミャオ族の餅」という記事を朝日新聞に掲載し、日本の米との関係について注目している。稲作を中心に暮らしているミャオ族は、「苗(ミャオ)年」、「吃新年」など、一年を通じて多くの祭祀を行う。苗年はミャオ族の正月に当たり、旧暦の一〇月中旬に行われる。当日は水牛を殺し、モチや酒を用意し、数日間、楽しい時間を過ごす。「吃新年」は稲の穂が出始める時期に行われる初穂祭りで、祭りの早朝に水田の初穂を二〜三本抜き、モチ米の上に載せ、蒸したおこわを祖先に供えて食べる行事である。

貴州省東南部のミャオ族には、三月一五日に「姉妹節」という若い男女が参加する祭りがあり、「姉妹飯」という五色の色鮮やかなおこわを食べる。「姉妹飯」とはミャオ語で「仲間が連れ添ってともに食べるご飯」という意味である。ミャオ族の娘たちが摘んだ花や植物から色素を絞り出し、白のおこわの他に赤、青、黄、橙、緑など一色ごとにモチ米を染めて姉妹飯を作り、若者にご馳走する。別れ際には「姉妹飯」をハンカチに包んだり、竹籠に入れるなどしてお土産に渡し、男女の出会いにもつながる祭りである。

貴州省を訪れた際、ミャオ族のお祭りを紹介する観光客向けのショーを見た。そのショーの最後、観客に配られたのは笹の葉に包まれたモチ米だったのである。いただいたモチ米を口に運んだ時、「照葉樹林文化論」で提唱された文化の類似性のなかに「モチ米を好む」という指摘が頭のなかに浮かんできた。

日本では、祝い事があると、「赤飯」が準備される。今でも結婚披露宴などで引き出物として渡されることがある。一般的に慶事に出されるが、仏事などの際にも赤飯を食べる地域も少なくない。赤飯が節句や慶事、及び仏事に食される理由にはいくつかの説がある。かつて赤米が栽培されていたが、生産量が減り、小豆をいれてもち米を炊き、米と小豆を混ぜて蒸して赤く色づけすることで、赤米に似せたという説。焼畑農業では二年目以降に小豆を栽培することが多く、米に小豆を混ぜて食べられていたからといった説。日本人のおこわ（モチ米）に対する強い好み、正月前後に小豆粥を食べる風習があることなどから、おこわに小豆のもつ予祝性が融合して赤飯が節句や慶事の食事として発展したという説などである。

また、赤色以外に染める「染飯」も見られ、もち米をクチナシやウコンで黄色に染める地域も見られる。神社の神饌においては「姉妹飯」のように、様々な彩の染飯を備える風習がみられる。『日本の食事文化』によると、奈良の春日大社の若宮御祭は、豪華絢爛の祭礼であるが、その中心となるのが、神饌の献供であるという。その献供のなかに青、黄、赤に染めた米と白色そのままの米との四色を円筒状の芯に寒梅粉でつけた「御染御供（おそめごく）」がある。なぜこの四色なのかという理由は、本来、青、黄、赤、白、黒の五色で、そのうち、黒は日本人の忌む色なので、これを排除して四色にしたのではないかといわれている。また日常的には、特に邪気を払うと考えられていた赤色に染めた赤飯を祭日に食す習慣が広く伝えられたと考えられている。

日本の染飯の習慣とミャオ族の彩色おこわの関係性は定かではないが、二〇世紀初頭より注目された日本と中国西南地区の「もち米文化の共通性」、および一九八〇年代に提唱された「照葉樹林文化論」を通じて焼畑や農耕を中心とした日常生活に欠かせない食から、人と人とのつながり、神と人とのつながりが見えてくることは非常に興味深い。

かつて人々が食べているものを神に捧げ、その供物を下げた後にみなで食べることによって、神と人、そして人と人とのつながりが強化されてきた。これらのことから、彩色おこわは、人々が日常的に食す白色のおこわに祭りや儀礼の特別な気持ちを添えたものとして作られたのであろう。

茶のルーツを求めて――「茶馬古道」をゆく

南は雲南、東は四川、そして西北はチベットにわたる照葉樹林が広がる一帯に、縦横無尽に広がる交易ルートがある。その道は、古来より中国と東南アジアを結ぶ交易のために開かれたものである。『漢書』（張騫李廣利伝）には、張騫が漢の武帝の命によりシルクロードの西、大夏に滞在した時、そこで蜀の絹糸を見た。この絹糸はどこからきたのか尋ねると大夏の商人が身毒（インド）から買い求めてきたと聞き、四川からインドに通じる交易路の存在を知ることになったことが記されている。その後、漢代から唐代まで、この交易路は四川、雲南、ビルマを経由してインドへ至る最短のルートとして、南海の物産と四川の絹を運ぶ内陸貿易で重要な役割を果たした。

隋唐の時代には、中原王朝と南詔国および大理国との往来により、雲南と中央王朝の結びつきが強くなった。この時期には、唐王朝と吐蕃との交流も深まり、仏教とともに茶が吐蕃に伝えられ、飲茶の習慣は拡大していったのである。当時は団茶という茶を固めたものが主流であったが、長江中下流域から唐の都・長安にかけてすでに飲茶の習慣は広まっており、吐蕃でも茶は貴族階層を中心に薬用として飲まれていた。その後、吐蕃の勢力拡大に伴って茶の需要が高まり、雲南普洱（プーアル）集散の茶を求めて、チベットから中甸、麗江などを経由して大理や思茅まで南下する交易ルートが発展した。

明清時代には商業活動の発展とともに、普洱には多くの茶商が現れ、東南アジアやネパールまでも交易を拡大し、巨大な富を築く者が登場した。これらの交易ルートがさらに重要性を増すのは、一九世紀以降、イギリス、フランスによるビルマ・インドシナの植民地化が始まって以降である。西欧列強が東南アジアから中国に到る近道として東南アジアから雲南に到る交易ルートが重要視された。

現在、このルートは「茶馬古道」という名で呼ばれている。馬あるいは騾子（ラバ）で編成された「馬幇」と呼ばれるキャラバン隊によって、雲南南部あるいは四川で生産された茶葉をチベットまで運搬し、チベット馬と交易をしたことから、このルートの歴史や文化を研究する学者たちによって命名されたのである。

茶馬古道の南の要衝で、茶樹の原産地とされる西双版納や思茅などの雲南西南区で茶葉作りに携わっているのは、主に少数民族のハニ族、ラフ族、プラン族・ドゥアン族などである。この地域の少数民族は、上座部仏教への信仰があついが、同時に万物に神が宿ると考えるアニミズム信仰も根付いている。彼らの生活の中で、茶樹は代々継承できる財産そのものであり、毎年初めて

写真１　雲南省西双版納勐海県の茶樹（樹齢約600年）（2019年筆者撮影）

採れた茶葉は感謝の気持ちを込めて茶の神が宿るとされる茶の大木に供えられる。少数民族ドゥアン族の長編詩「太古楞格菜標」には「昔々、大地が混沌としていたころ、天上の美しさにはかなわなかった。いたるところに葉の茂った茶樹があり、茶葉は万物の祖であり、天上の星はみな茶葉の精霊から生まれた……」と歌われ、茶への親愛の感情をみることができる。

茶の原木は高さ十数メートルに及び、葉は大きく肉厚である。茶の集積地である普洱で加工される茶は主に二種類ある。一つは茶葉を長い時間をかけて発酵させた発酵茶とその発酵茶をさらに発酵させたものである。形状は四角に固めたもの、丸く餅型に固めたもの、お椀型に固めたものがあるが、茶を固めることによって運送を便利にし、茶がいたむことを防ぐとともに、形状の美しさを鑑賞することもできる。竹筒の中に茶を詰め込み、それを土の中で発行させた「竹筒茶」も作られる。彼らは概ねその茶をほぐした後、鍋か小さな陶器で煮込んでその煮汁を飲むのである。苦みが強いが、飲み終わると甘さが残り、芳醇な味わいをもたらすのである。時には料理に使うこともある（写真1）。

キャラバンによって「茶馬古道」を北上する茶は、大理では「苦茶」「甜茶」「回味茶」という三種類のお茶を順番に淹れるので「三道茶」と呼ばれるお茶が飲まれてきた。大理国が元によって滅ぼされた後、大理に暮らすペー族に伝えられ、親しまれてきた。「三道茶」で出される一杯目の「苦茶」は若いときの苦労を表し、二杯目の「甜茶」は苦労の後の豊かな生活を表し、三杯目の「回味茶」は老人になってこれまでの人生を振り返ることを表すと伝えられ、お茶の作法に人生の哲理を照らしている。大理からさらに北上し、麗江・チベット周辺に至ると、牧畜民の作ったヤクのバターとプーアル茶がブレンドされた「バター茶」が作られ、その土地に欠かせない飲料となっていった。交易に携わる人々は長い旅路での故郷への思いや交易先での出来事を「趕馬調（キャラバンたちの歌）」と呼ばれる即興の歌で表現する。キャラバンの歌から出発する際には茶を土地神に捧げ、長い旅路に出る夫を見送る妻が旅の途中で茶を炒って飲むよう茶葉を準備していたことが分かる。

新年の行事が終わるとすぐに交易に出る新婚夫婦の別れを惜しむ歌（抜粋）

男：十六日は黄道日、
　趕馬の仲間がみな揃う。
　香を焚いて、土地神に茶を奉じ、
　辰の時刻には荷を載せる。
女：男たちは荷を載せ、女たちは見送る
　夫婦は思いを伝えあう。
　十五夜の団欒、十六の別れ。
　涙が襟を濡らす。

男：大鈴がなって村を出る。
　振り返っても村の大木はすでに見えず。
　幼い時から何度も上った木木だ。
　今日故郷を離れて遠出する。
女：お茶をあなたに贈ります。
　鳳山のお茶の葉です。
　私が弱火で炒りました。

旅路で飲んで下さい。

キャラバンに出る男たちの多くは、借金の返済や貧しい生活から抜け出したいという願いをもって険しくて辛い交易に出たのであった。このような人々の生活をささえてきた「茶馬古道」を行きかう人々にとって、茶は富を築く商品という面と健康を支える日常的な飲料という面を兼ね備えたものであった。

私が約二〇年断続的に実地調査をしている雲南西北部に位置する瀘沽湖周辺は、唐代から雲南とチベットを結ぶルート上の交易地となってきた地域である。そこでは日常的に団茶が飲まれ、一九九七（平成九）年に実地調査を始めた頃、この地域で維持されてきた母系家庭の家長である七〇代女性に、「食べ物の中で何が一番好きですか？」と尋ねたところ、「苦茶」と即座に答えがかえってきた。今でも朝食はバター茶、あるいは苦茶と饅頭（蒸しパン）か粑粑（パンケーキ）というのが定番だ。家族は囲炉裏端に座り、囲炉裏に直径七センチ、高さ八センチほどの素焼きの壺に団茶をほぐした茶と水を入れ、囲炉裏でゆっくりと煮ると「苦茶」とよばれる濃い茶ができる。それに塩を入れて味付けすることもある。バター茶の場合は筒状の桶に茶と沸騰した湯を注ぎ、そこにバターと塩を加えて攪拌する。乾燥した高山地区ではバターの脂肪がエネルギー補給と肌の乾燥を防ぐために必要とされている。

長い歴史の中で、茶は人々の日常生活に欠かせないものとなり、人々の交易、さらには文化の交流と融合をすすめていった。茶は「茶馬古道」をめぐる語りや生活の中で、飲食文化を支えるだけでなく、精神性を内包しながら、生活に溶け込んでいったのである。

第二章　発掘でひもとく日本人

ドングリ食と日本人

外来食文化を諸外国の食物とそれを受容する人々との関係の中でとらえようとする本書としては、この章はやや異質に感じられるかも知れないが、では、本当に日本古来の食べ物は何であるかについてまず考えておくことは、外来食文化を多方面から考察する際に必ず必要になると思われる。

といっても、タイトルにあるようにすでにその答えは出ているが、要するに自然豊かな日本列島の中で野生に繁茂・生育する草木類、穀類や堅果類、果実類などの山の幸、あるいは列島内の河川、湖沼、また近海でとれる魚貝類などいわゆる海の幸で、栽培や飼育、養殖がなされていない食物類ということになる。

低湿地の遺跡を発掘すると、しばしば目にする山の幸がある。枝や葉が出土するフカフカした腐植土の中で見つかる丸いコロコロしたドングリ類である。それらは暗い灰色あるいは黒褐色をした土の中で、あやしい光沢を放ちながら、まさにポロッと見つかるのである。殻（果皮）が堅いので腐りにくく、縦にスジが入っているため、一瞬ゴキブリの羽根のようなグロテスクな感じ

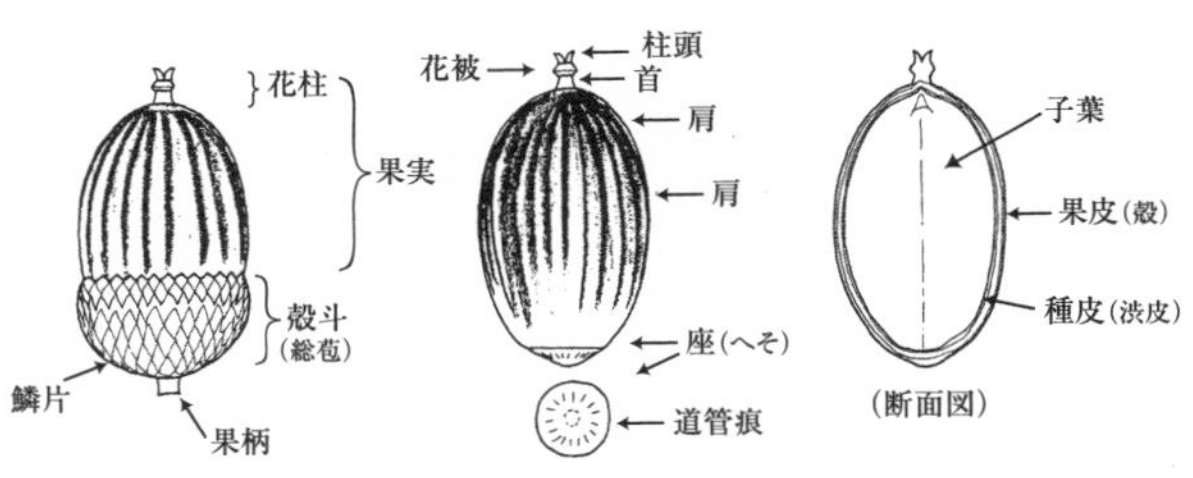

図1　ドングリの各部名称

を受けるが、よく見ると先端部（花柱）やハカマ（殻斗）が一緒にくっついて出土することも多い（図1）。

北九州市小倉南区長野にある長野小西田遺跡では、低地の流路脇に直径八〇センチメートル、深さ三〇センチメートルの円形の穴がみつかり、中を掘りすすむうちに大量のドングリが見つかった（写真2）。その数約三万五〇〇〇個。それらは殻のついたままぎっしりと穴の中に保管されており、まさにドングリ貯蔵穴と呼ぶにふさわしい。ドングリはイチイガシがほとんどで、地表下二・五メートルの弥生時代後期の土層に含まれており、今から約二〇〇〇年前のものとわかった。

また、ドングリ貯蔵穴の横には水の流れを利用して、木枠で方形に囲った水さらしの遺構が四〇メートルもの規模で連なっていた（写真3）。これは日本最大級の水場の遺構であり、長野小西田遺跡が、ドングリを水漬けして虫を殺し、皮むきをしたり、アク抜きしたり、また樹皮を水漬けしてさらし、繊維を取ったり、木製品の加工を容易にするために木材を水中に保管したりと、様々な作業を計画的に行える、高度な技術と人的管理システムをもった集落であったことを物語っている。

では当時の人々はこのドングリをどうして取り出さなかったのか、食べる為に保管していたのではないのか、という疑問が湧く。いや、取り出さなかったのではなく、取り出せなかったのだ。なぜなら、ドングリ貯蔵穴の上面には洪水による土砂が厚く堆積しており、一挙に埋まってしまったと考えられるからである。おそらく、埋まった土砂でその位置がわからなくなってしまったか、掘り出すことをあきらめたかのどちらかであろう。

　ドングリ貯蔵穴といえば、縄文時代の代表的な遺構で全国で見つかっているが、弥生時代の例は福岡市瑞穂遺跡や福岡県春日市遺跡、福岡県遠賀郡水巻町の立屋敷遺跡、長崎県平戸市の里田

写真2 ドングリピットから大量に出土したドングリ

写真3　水さらし遺構遠景

原遺跡などで検出例がある。

長野小西田遺跡では石庖丁も一〇〇点以上出土していることから、周辺でコメ作りを行っていたことは確かであるが、稲作がすでに定着し、その収穫物であるコメをめぐって争いさえ起きていた弥生時代後期にも、人々はドングリを食べるために保管していたのである。これはまさにこの地がドングリの実がなる場所だったことを示しており、遺跡の周囲の山の中腹には、今でもドングリの実る豊かな照葉樹林が生い茂っているのである。

写真4　韓国のトトリムッ

日本人がコメを知ってせいぜい二五〇〇～二六〇〇年、それ以前にはドングリを主食とする縄文時代が一万年近く続いている事実は、日本食の原点がドングリなどの堅果類であることを物語っている。

日本には二二種類ほどのドングリが存在するが、そのまま食べられるドングリはクリ、スダジイ、ツブラジイ、マテバシイ、イチイガシ、シリブカガシくらいで、他はアク抜きしないと食用にはならない。特にトチノミのアク抜きは、水さらしだけでなく灰汁をあわせた加熱処理が必要である。

写真5　自家製トトリムッ

現代も東北・北陸・山陰地域に名産品として「トチ餅」や「トチの実煎餅」などがあるが、食べるのに最も手間のかかるトチノミは、縄文人が苦労してアク抜き技術を会得し、自然の恵みへの感謝の念や、可食化への飽くなき探求心が窺え、彼らの生への営みには頭が下がる思いである。
長野小西田遺跡でみつかったドングリ三万五〇〇〇個分のカロリーは、科学技術庁資源調査会編「四訂 日本食品標準成分表準拠食品成分表」（一九九二年）、「五訂新版 ひと目でわかる日常食品成分表」（一九八六年）より計算したところ、七万七三八四キロカロリーとでた。成人一人当たり一日二〇〇〇キロカロリーとすると、約三九日分、五人家族では約八日分となる。実際は狩猟や漁労・採集などで動物性タンパク質や野生の根菜類も摂取するであろうから、それ以上の日数の主食となる量である。これだけあれば、飢饉や凶作にも急場はしのぐことが出来る。まさに救荒食と言えるのである。
韓国の観光地には今でも「トトリムッ（ドングリ豆腐）」のメニューがあるし（写真4）、先日は知り合いの方に自家製の「トトリムッ」もごちそうになった（写真5）。
コメの自給率は横ばいだが、日本人のコメ消費量が大きく落ち込んでいる昨今、再び自然食品のドングリが見直され、主食の座に返り咲く日がないとも限らないのではなかろうか。そんなことを考えながら、実りの秋の散策を楽しむのも一興である。

究極の外来食はご飯

昨今、日本食は海外でも大人気で、健康志向もあって、外国人が寿司をほおばる姿がテレビでもさかんに映し出されている。寿司と言えばシャリとネタが命。つまりツヤツヤした白いコメは日本食＝和食を連想させる第一の食材と言えよう。ところが、このコメ＝イネは日本列島には本来自生していなかったのである。では、種子が風に乗って飛来したのだろうか、それとも、空飛ぶクモみたいな昆虫が花粉を運んできたのだろうか。じつは運んできたのは縄文時代終わり頃の渡来人たちなのである。これは説明が不十分だった。今から二五〇〇年ほど前、日本がまだ縄文時代晩期ごろに海を渡ってイネと稲作技術をもたらした人々がいたことが、近年の発掘調査で明らかになっており、その開始はさらに遡る勢いだ。

では、日本食を形作ってきたイネはどこから伝わったのだろうか。日本の周辺を見回すと、最も近い海外は三つある。ロシア、韓国、中国だが、ロシアは北緯四五度以上の極東地域でイネの栽培は近年まで行われなかったため、そこから伝来した可能性はない。

中国起源とする説には北方説（華中→華北→朝鮮→日本）と南方説（福建省→台湾・沖縄→日本）、直接説（長江中流域→朝鮮・日本）と間接説（長江中・下流域→山東半島→朝鮮南部→日本）があるが、現在最も有望視されるのは間接説である。

その根拠は、
①揚子江下流域の浙江省河姆渡遺跡（紀元前五〇〇〇〜四五〇〇年）で最下層の第四文化層から多量の短粒米（ジャポニカ種）、籾殻、稲茎、稲葉とともに、骨製鋤、木製鋤、石斧、コメを炊く釜や貯蔵する罐などの土器類が出土。
②揚子江中流域の湖南省彭頭山遺跡（同六〇〇〇年）で稲籾が大量に出土、炊飯・貯蔵用土器も伴っている。
③山東省揚家圏遺跡（同二五〇〇年）、黄海を渡って朝鮮半島の南京遺跡、京畿道欣岩里遺跡（同一〇〇〇年）、忠清南道松菊里遺跡（同四〇〇年ごろ）、慶尚南道大坪里遺跡（同四〇〇年ごろ）などでも、短粒米のみが出土。
④長粒米（インディカ種）は中国でも南部の高温地帯から東南アジアに生育。
など、多数あげられる。

写真6　籾圧痕のある深鉢（長行遺跡）

写真7上　中貫ミカシキ遺跡出土炭化米
写真7下　長野尾登遺跡出土炭化米

しかし、日本列島へのイネの伝播は直接的には朝鮮半島南部から北部九州へということになろうか。これは日韓の遺跡で出土する石庖丁や石斧など大陸系磨製石器や口縁部に孔列をもうけた土器や粘土帯土器、また支石墓というお墓の形態までが非常に類似していることからも理解できる。さらに、弥生時代前期の西北九州人骨の形質が縄文時代の人骨とは異なっていることからも、半島系渡来人がコメをたずさえてこの地に稲作技術、青銅器や貯蔵穴、井戸、カマド、環壕（集落を囲む壕）など、弥生時代全般において大きな文化複合をもたらしたと想定できるのである。

ただ、こうした文化要素から、日本人の米食について考古学的に解明することは、食物自体が残っていないと非常にむずかしい。だが、北九州市小倉南区長行遺跡では縄文晩期の土器に稲の存在を示す籾の圧痕が残っていたし（写真6）、同八幡西区松本遺跡、馬場山遺跡、小倉南区中貫ミカシキ遺跡では弥生前期〜中期の炭化した真っ黒いコメが出土している（写真7上・下）。
また、食べるための道具類を手がかりに古代人の食生活や食習慣、調理法などを考えることも可能だ。

コメを食するには調理器具が必要である。縄文人が世界に先駆けて土器を発明したことにより、今まで生や焼くだけでは食べられなかったものが、煮炊きすることで食べられるようになった。弥生時代の遺跡から出土する土器のうち「甕」が全体の半分ほどを占めているが、それは紛れもなく煮炊きする道具である（写真8上）。外面にはススが付着し、内面にはおこげがこびりつき、口縁部分にはふきこぼれ痕も観察できる。つまり、コメは今と同様炊いて食べていたのである。

ところが五世紀ごろになると「甑（こしき）」という、底面に孔があいた土器が見られるようになる（写真8中・下）。これは食物を蒸す道具として使用され、現代でも蒸し器やセイロなどに受け継がれているが、「甑」が一定量出土することや、八世紀の山上憶良の「貧窮問答歌」の内容などから、この時期にコメは蒸して食べるのが一般的になったとされている。

しかし一方、「強飯」という言葉があるように、蒸したコメ＝「おこわ」は、お祭りや各種お祝いなどのハレの日、特別な時に食べることが多い。弥生時代にコメが伝来した当初は不安定な生産技術とコメ自体の品種の問題もあり、弥生人が常時ふんだんにコメを享受出来ていたとは考えられない。実際コメ以外にもムギ、ヒエ、アワ、ドングリなども食されており、高床式倉庫の出現や、富をめぐる戦さの増発にも見るように、コメはそれほどに貴重な主要食物であったことを考えると、弥生時代には基本的には雑炊・粥風に嵩増しが可能で、他の食材とも混ぜて炊く炊き方が一般的であったのではなかろうか。

弥生時代のことを記した中国の書物『魏志倭人伝』には「…食飲用籩豆、手食…」とあり、食べ物を竹製、木製の高杯に盛って手でつかんで食べる、と解釈されているが、これはコメを含む食物全般をさすと考えられる。前に述べたようなコメの炊き方だと、手づかみでは無理であり、銘々器と箸・スプーンが欲しいところだ。箸は奈良時代以降にしかみられず、銘々器も弥生時代の終わり頃に小さな鉢が増加することから、食物を取り分ける習慣が始まったと考える研究者も

写真8上　ススやふきこぼれが付着した弥生土器甕／写真8中　韓半島系の甑／写真8下　九州の甑

いるものの、はっきりしない。

いずれにしても、冬の寒い日には鍋物や雑炊が恋しいように、弥生人もコメとともに様々な食材を一緒に煮炊きした甕の中から、木製のヒシャク（図２）を使ってアツアツご飯やスープを味わうことができたと考えている。

最近は食の洋風化でコメの生産量、消費量、自給率ともに低下し、減反政策や経営農家の高齢化など、コメを取り巻く環境は一段と厳しさを増している。

日本人があたかも和食の代表と位置づけるご飯が究極の外来食として我が国に到達し、それを持ち込んだ渡来人と受け入れた縄文人が炉を囲み、甕で炊いたコメの雑炊をヒシャクですくって仲良く交互に食する姿や笑顔を、私は思い浮かべずにはいられないのである。「和食」の解釈に「倭（日本）の食」だけでなく、「和して食す」の意味も付け加えたいと思う。

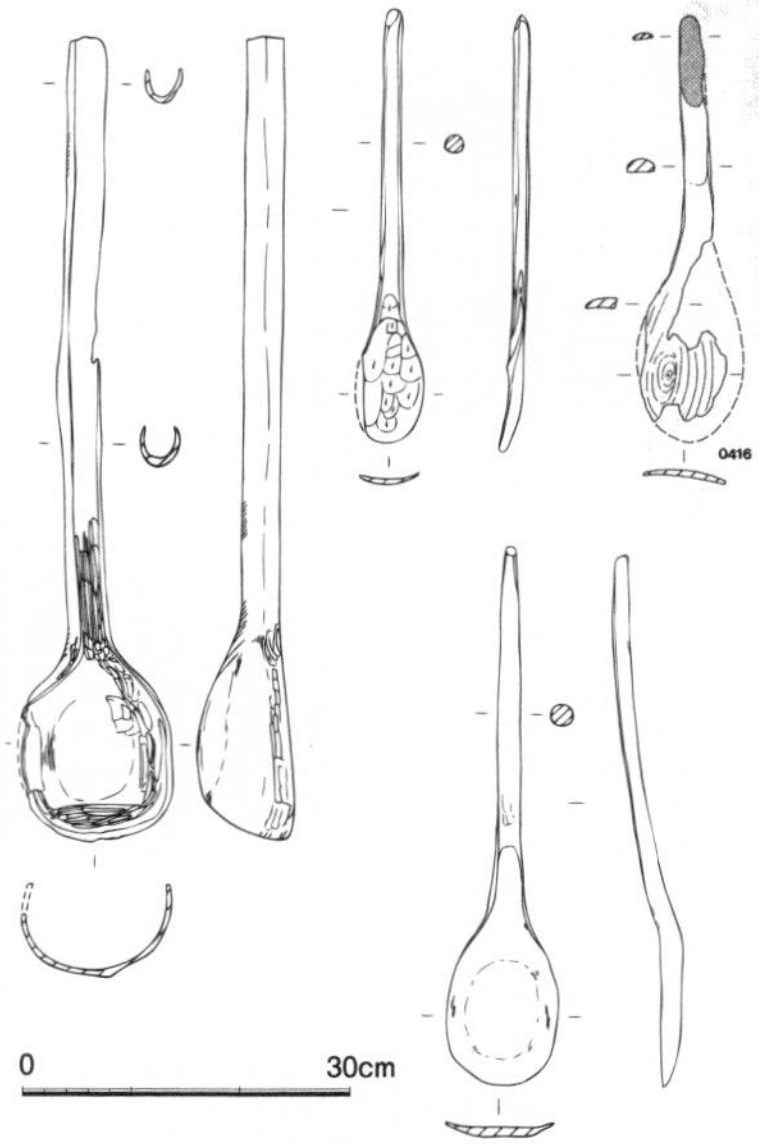

図2　木製のヒシャク

出土文字資料から探る食文化

考古学の立場から古代の食を語るには、出土する遺物のなかから、食生活に関わりのあるものを探し、その詳細な観察や分類、また必要なら理化学的分析を通して、食の歴史や文化を考えるのが常道である。

煮炊きに使用する甕や鍋などの土器類がその代表で、他にも調理する道具類（擂鉢や捏ね鉢、焙烙、釜）やお箸、匙、杓子など、あるいは炭化して残存するコメやアワ、ヒエ、ムギなどの穀物類、また前項でご紹介したドングリなどの堅果類、貝殻、動物や魚の骨、さらには食べられる野生の植物や海草など、そしてその排泄行為の先にある糞石までもが、貴重な食情報を提供してくれる。しかし、一見、考古学とは関係なさそうな文字資料から食生活の実態がいきいきと浮かび上がってくることも多い。

自明のことだが、文字はその媒体となる何らかのモノに記載されて初めて存在が確認できるわけであるから、文字とそのモノがセットで研究対象に出来る考古学的資料調査、さらにそれが大地に刻まれた住居や溝、貯蔵穴、柱穴などの各種遺構の中からセットになって見つかる考古学的発掘資料は、手前ミソであるが、まさに「宝の山」ということになる。

ここでは、あえて『風土記』や『延喜式』など食物記載が豊富な文献資料をスルーして、発掘調査で出土した文字資料から古代の食文化を考えてみたい。

図3下は土師器という素焼き土器の内面に「酒坏」、図3上は鼠色で硬い須恵器の外底面に「酒」という文字が墨で書いてある。これらはどちらも奈良時代に使用された「坏」と呼ばれる器種で、かれこれ一三〇〇年近く経つが、文字の鮮明さに驚きさえ覚える。いずれも大宰府遺跡で出土したものなので、当時大宰府近辺の役所施設につとめた下級役人が書き残したものに違いないが、これらの器を盃代わりに使っていたことや、他人の盃と区別するためにわざわざ墨で書いていることとともに、さらに気づくことがある。

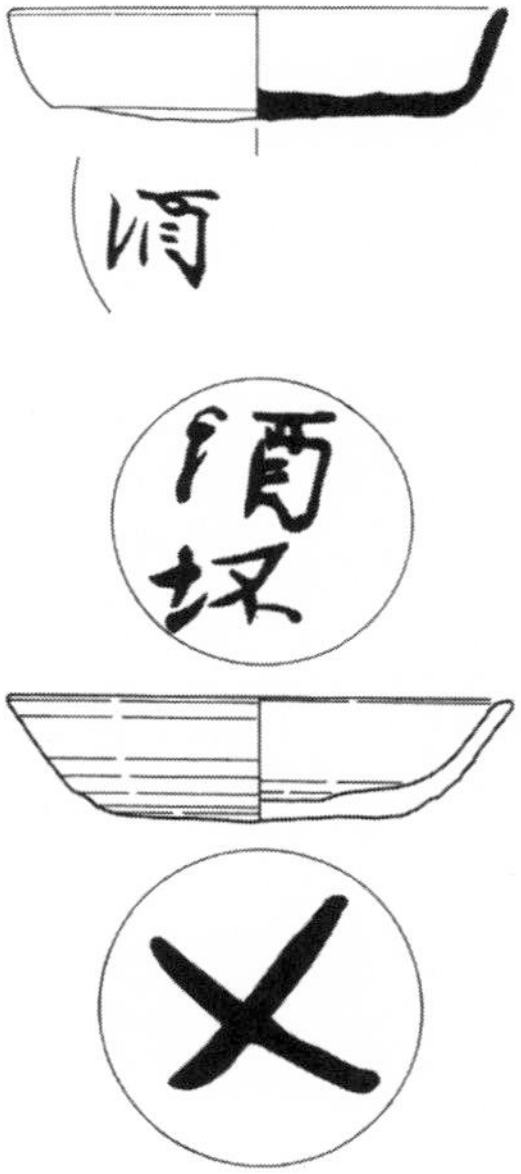

まず、図3上は「酒」という字を書式にのっとり、器の外底面に丁寧に記している。一方、図3下は「酒坏」の文字が大きく歪んで、筆致もたよりない。また、内面に書くという、常識破りの筆使いから、まさに酩酊寸前の所作といえそうだ。もうひとつは、種類の異なる器も「酒を飲む」という同じ用途に

図3　須恵器と土師器に書かれた文字資料

使用するということだ。二つの坏は口径が一〇・三センチ、一三・〇センチと、盃にしては非常に大きいが、当時の器にこれより小さなものが存在しないことから、儀式の場では手のひらに載せて、居宅では戦国武将がするように肘を張った飲みっぷりが古代から続いていたと考えられる。

しかし、内面に墨書するのは液体を入れるだけに抵抗がなかったのか、と思いたくもなるが、そうまでしても自己主張をしたい気持ち、つらい役所勤めのウサを晴らしたい気持ちも汲みとった息抜きの酒だったのだろう。こうした文字資料は単発的で、土器に一、二文字書かれるのが殆どであるため、その意味や用途を推定できるのは稀である。ところが古代の役所関係の遺跡を発掘すると、本来の目的を持って記された複数の文字群がみつかる。それは木簡といい、うすく削った木の札に墨で記されたもので、その内容も多岐にわたっているが、ここでは、食に関わるものを選んでみた。

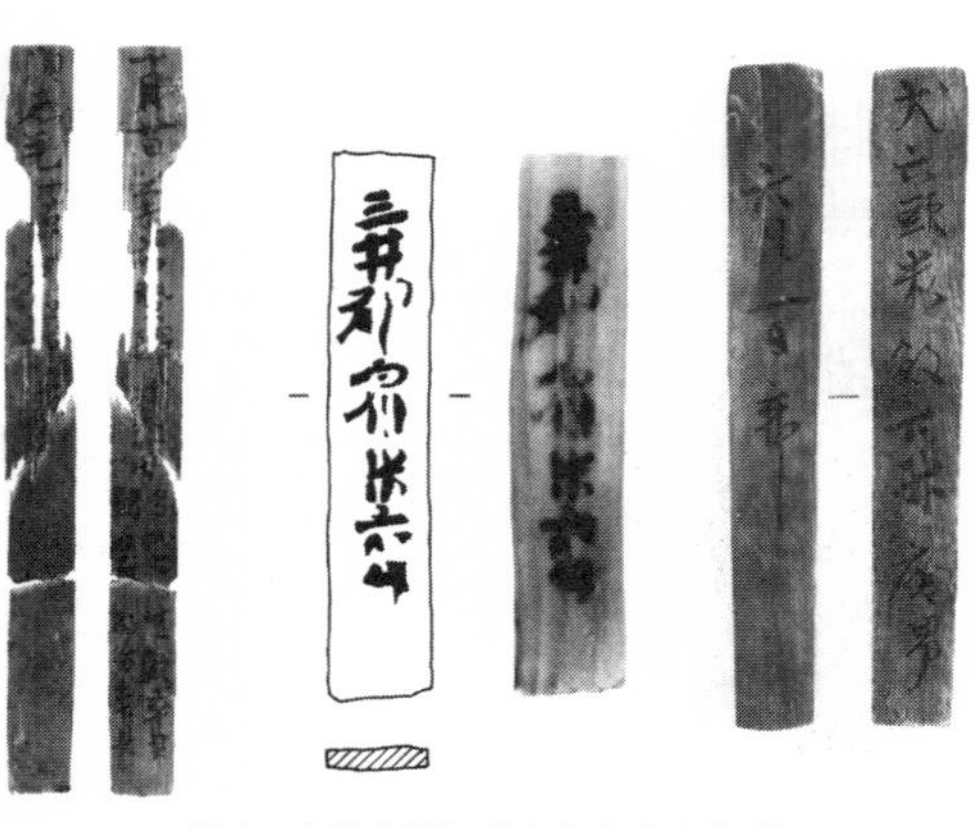

図4　古代木簡に書かれた文字資料

図4はやはり大宰府から出土した木簡で、左は税として納められた荷物の付札に「須志毛十古　割軍布一古」と書かれている。須志毛は海草の一種、軍布はワカメのことで、都へ送る特産品の食材であろう。中は「三井郡庸米六升」とあ

り、筑後国から運ばれてきた、労役の代わりに納める税としての米に付けられたものである。同じ、食にかかわる文字資料でも、古代庶民達の厳しい納税の実態が込められた木簡はなぜか切ない。一方、奈良時代、左大臣まで上りつめた平城宮長屋王の邸宅から大量に出土した木簡のなかに「犬六頭料飯六升瘡男」「六月一日麻呂」と表裏に書かれたものがあり、また別の木簡にも「犬四頭飯八升」とあることから、犬に喰わせる飯を請求した伝票とされている（図4右）。庶民にとってはまさにお犬様々だ。

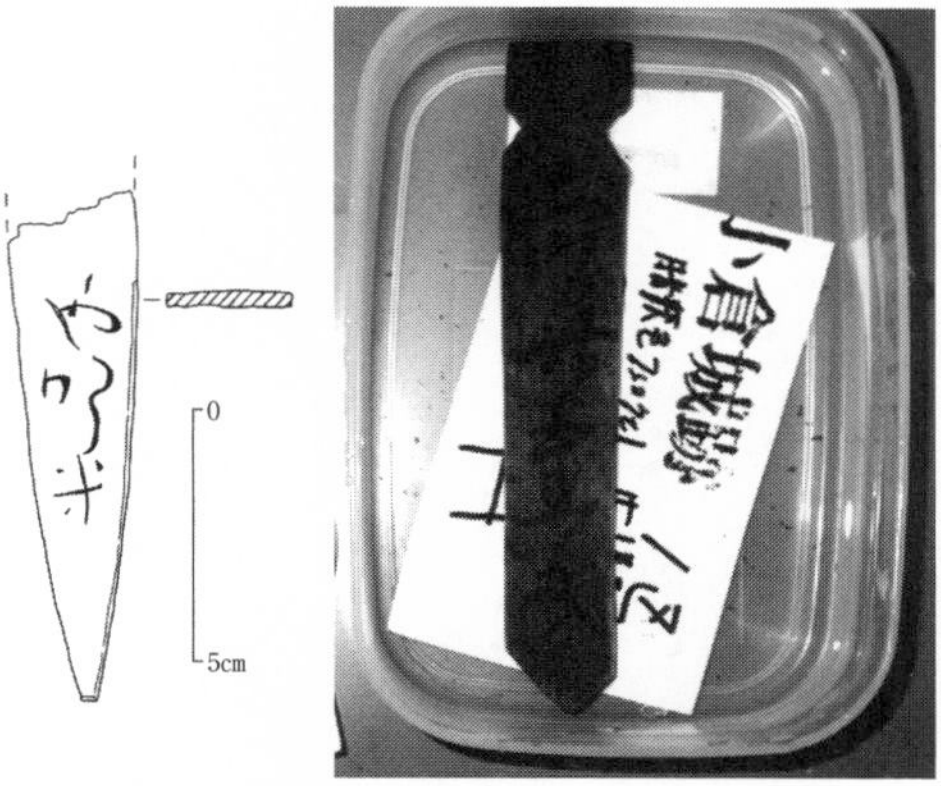

図5　中世・近世木簡に書かれた文字資料

一方、「食犬」の習慣は中国や韓国でも高級貴族間ではははやっていたようで、『日本書紀』六七五（天武四）年の条にも、「牛、馬、犬、猿、鶏の宍を倉らうこと莫れ」という禁令が出されるくらいだから、日本でも当時犬が食されていたことは疑いない。

最後に北九州市域で出土した文字資料（図5）をみておこう。

左は小倉南区長野E遺跡でみつかった中世の木札で、「…やかし米」と墨書されており。上半部は欠損しているが、企救郡長野郷の中心部でとれた米につけられた札であろう。

右は江戸時代の小倉城御厩跡で出土した全長一三・二センチの木札で「大いか廿五れん入り」と読める。出土地点が城郭の台所（御臺所）に近いことから、小倉港で水揚げされ、トロ箱に入った新鮮なイカに突き刺された付札だったのだろう。あるいは旦過市場から仕入れてきたのかも知れない。

このように、決して多くない出土文字資料からも、当時の食生活や食文化を考える上で貴重な情報が得られるのである。考えてみれば漢字の普及も、大陸から伝わった文書主義によるものであり、食に限ったことではないところに、外来文化到来のインパクトが伺える。

それにしても、古代人の達筆さに驚かされるのは私だけだろうか。

城下町の酔っ払い

酒が大好きな私は、魔法の液体を発見し造り続けて来た先人に敬意を表し、北九州での酒の歴史や文化、またそれを享受した人々の酒への思いについて、考古学的側面からアプローチしてみたい。とはいうものの、遺跡の発掘調査で酒自体が見つかるわけでもないし、酔っぱらいが土中に眠っているわけでもない。いきおい、酒に関わる容器類から類推せざるを得ないのである。よってここでは、最も資料が多い近世の酔っぱらいを、長い酒の歴史の中で検挙しようかと思う。

幸い、北九州市小倉の城下町では江戸時代の遺跡が多数調査され、人々が使ったお茶碗類が大量に出土している。その中には盃、お銚子、通い徳利、燗徳利など、飲酒に関わる資料も多数含まれているのである（図6）。

とくに江戸後期、あの坂本龍馬（一八三六〔天保六〕年生まれ）が生まれる少し前といえばわかりやすいだろうか。下級武士や農民、商工業者などの庶民層は、ささやかな余剰所得を背景に幾分豊かになり、嗜好品への関心と、購買意欲の高まりなどで、飲酒が社会的習慣として広く普及した。それは酒器の増加だけでなく、江戸時代の食に関わる食器類の種類や量が激増す

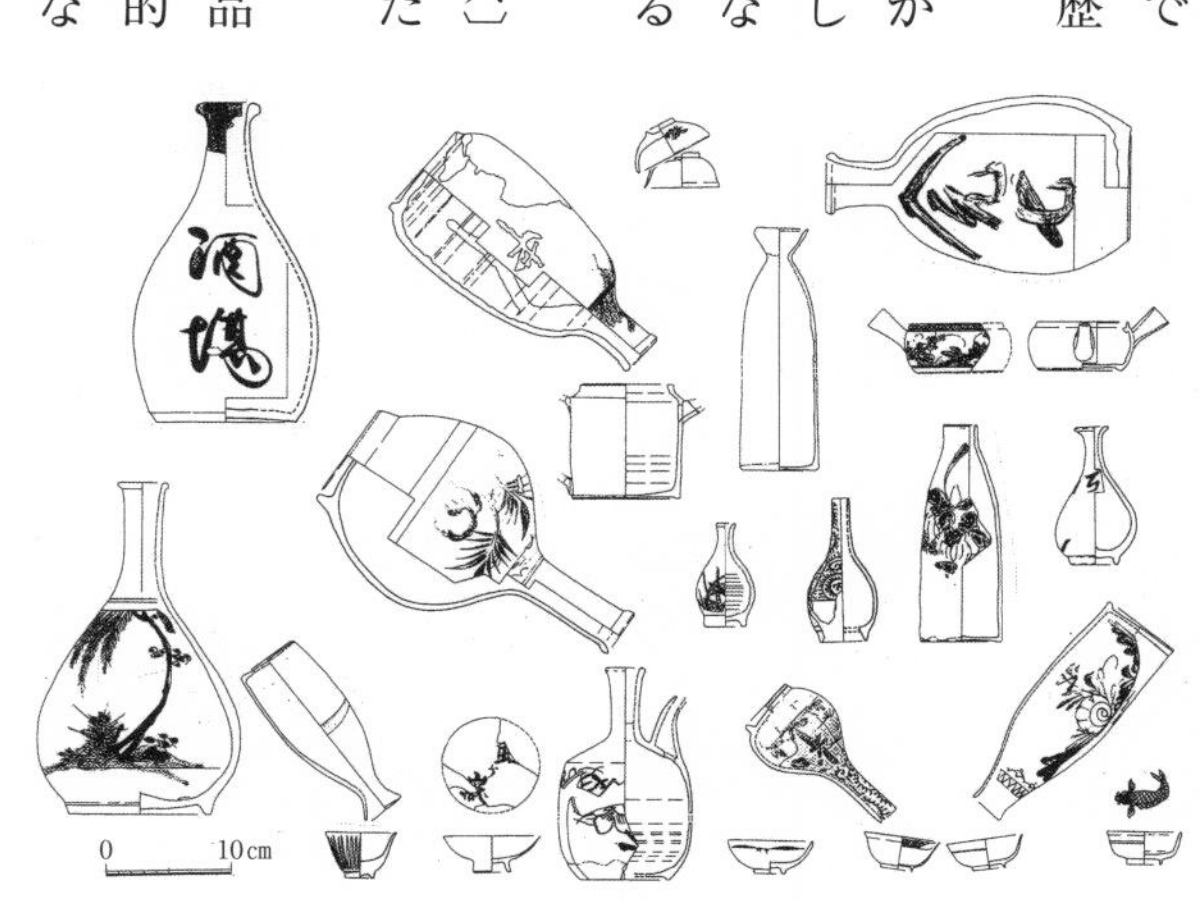

図6　発掘された様々な徳利・盃類

ること、料理に関する書物がそれまでよりも大量に出版されること、城下町に料理屋や居酒屋が多数営まれ、芝居や大道芸、見世物などの娯楽、また旅行、年中行事や宴会などでも、飲酒の機会が増えたことなどからも明らかで、日本の食文化は飲酒文化とは切っても切り離せない関係にあると言えるのである。

ここでおもしろい絵二枚をご紹介しよう。写真9上は「久留米藩士江戸勤番長屋絵巻」に描かれた一八四〇（天保十）年ごろの酒宴の風景であるが、これは円卓を囲んで宴会が行われている様子。藩士は車座になって楽しく談笑しながら酒を飲んでいる。太刀や脇差はそろえて、本人の後ろに置かれている。一方、写真9下はどうであろうか。宴もたけなわ、まさに乱痴気騒ぎの様子が見て取れる。筑後久留米藩は有馬家二一万石の家臣達が、江戸詰めの藩邸長屋で日常の憂さを晴らしているのか、立派な酒乱が何人も出来上がっている。

そこで絵をもう一度よく見ると、脇には火鉢にのせた鉄製の燗鍋や湯釜ａに燗徳利ｂがつけられ湯煎されているし、その横には屋号入りの陶製通い徳利ｃが並べられている。また、藩士の手元には磁器らしい盃ｄが置かれ、中央ではボール状の片口鉢（盃洗）ｅに盃ｆが浸かっているのも見える。下の絵では、箸や食器類と共に、あちこちに酒瓶ｇが転がっており、通い徳利ｈが無残にも割れて土間に貼り付いている。

今でも時々『九州の人は酒が強いですねえ…』といわれることがあるが、この絵巻あたりが発

写真9上　戸田熊次郎序・狩野素川画久留米藩士江戸勤番長屋絵巻（部分）
（江戸東京博物館所蔵）（東京都歴史文化財団イメージアーカイブ）

写真9下　同上

信源ではないか、と思ったりもする。これは天下の大都会江戸の様子だが、小倉の町でも似たような酒宴がたびたび行われていたに違いない。

江戸初期の小倉城下には細川氏が小倉入城の際に連れてきた商家の内、八軒が酒造業を営んでいるし、幕末期の絵図にも、その末裔と思われる商家が多数存在している。一方、酔っぱらいのアイテムならぬ「通い徳利」が発掘調査でも大量に出土しており、城下の酒の消費量は相当だったようだ。

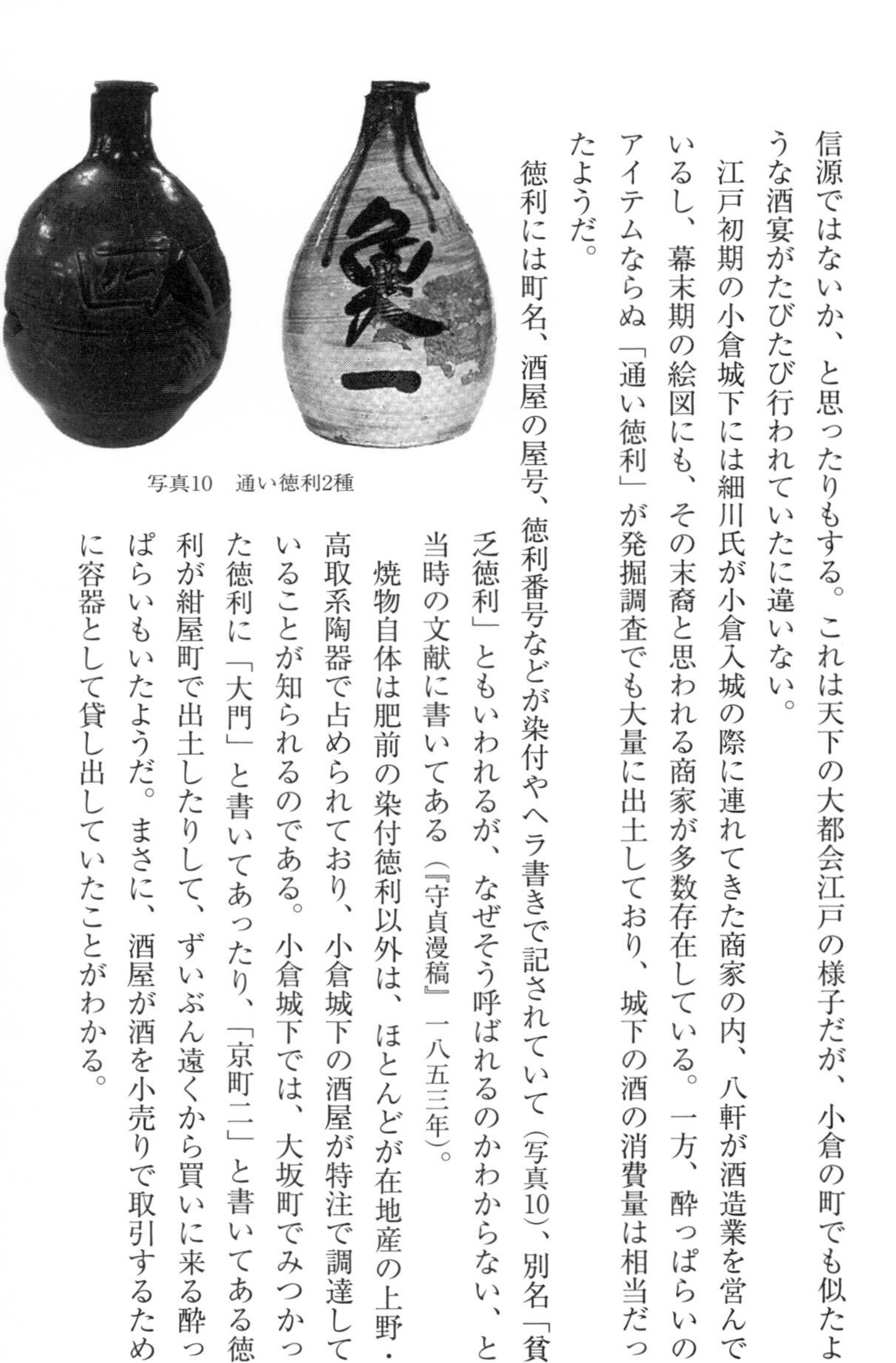
写真10　通い徳利2種

徳利には町名、酒屋の屋号、徳利番号などが染付やヘラ書きで記されていて（写真10）、別名「貧乏徳利」ともいわれるが、なぜそう呼ばれるのかわからない、と当時の文献に書いてある（『守貞漫稿』一八五三年）。

焼物自体は肥前の染付徳利以外は、ほとんどが在地産の上野・高取系陶器で占められており、小倉城下の酒屋が特注で調達していることが知られるのである。小倉城下では、大坂町でみつかった徳利に「大門」と書いてあったり、「京町二」と書いてある徳利が紺屋町で出土したりして、ずいぶん遠くから買いに来る酔っぱらいもいたようだ。まさに、酒屋が酒を小売りで取引するために容器として貸し出していたことがわかる。

写真11　燗徳利と盃

一方、酒を飲む際には、燗をつけるための「燗徳利」と「盃」が必要だ。これらは、江戸後期に酒が「濁り酒」から、「諸白」と呼ばれる「清酒」に変わってから大普及する。アルコール度も高くなって、酔っぱらいにはうってつけだ。写真11の左右の燗徳利はそれぞれ三合、二合入りで厚み自体が薄いため、すぐに燗がつかり、これまた薄くて美しい上絵のついた盃（写真11の中）でチビリチビリやるのが、庶民のささやかな楽しみだったに違いない。

だが、燗徳利や盃は関西の京・信楽焼や東海地域の瀬戸・美濃焼が主流で、小倉のお膝元、上野・高取系陶器は少ない。私は商取引の酒器「通い徳利」と、嗜好用の酒器「燗徳利と盃」とを、小倉城下では使い分けていたのではないかと考えている。それは身銭をはたいて酒を買うシビアな生活がある一方、上方や大都会江戸へのあこがれやはかない夢を、酒を飲むことで持ち続け、この世の憂さを忘れたいと願うのに、酒器が一役買っていたということではあるまいか。

酒は第一章でも述べられているように、発酵の工程で生成された自然食品といえるが、そこには日本の風土と気候、清冽な水資源、そして良質な米と麹など、「在来と外来」を杜氏のたゆまぬ技術の研鑽、創意工夫で醸し出した日本酒の文化が凝縮されている。

江戸時代、今より些細な喧嘩は多かったろうが、飲酒運転で人を死なせることもない当時の酔っぱらいに、なんだか親しみを覚えてきた。小倉城下町の発掘調査でみつかる大量の陶磁器類から、飲酒文化の一端を感じていただけたら、酔っぱらいの戯言を終わりにしよう。

第三章　お茶のよもやま話

泡立つお茶

九州はほぼ全域で良質のお茶が栽培され、ことに北部九州は栄西、売茶翁等「茶」とゆかりの人物と関わりの深い地でもある。

お茶はまぎれもなく外来の食文化であるが、お茶を抜きに日本人の生活を語ることはできないほど我が国に根を張り、三〇数年前までお茶を淹れて飲むことは日常茶飯の出来事だった。

しかし、健康飲料として近年その価値が見直されてきたにもかかわらず、茶殻の始末が面倒なためか急須を用いてお茶を淹れることも少なくなり、今やお茶はペットボトルに押され気味である。

ここで紹介するのは、それとは対極にあるともいえそうな、泡を点てて飲用するお茶の話である。

泡を点てて飲用するお茶は、抹茶の他に番茶の煮汁を泡立てる「振り茶」があり、それらは、来歴や材料、泡立て・飲用方法などかなり異なる。

一　抹茶

抹茶は、鎌倉時代、宋に留学した栄西によってもたらされ、やがて「茶の湯」が誕生し千利休によって侘び茶が確立されて日本人の精神にまで影響を与えたが、今や趣味の世界に追いやられた感がある。

しかし、茶筅と茶碗さえあれば簡単に飲用出来、茶殻も出ず、全部飲むことができる点で抹茶は今後一人用のお茶としての出番が来るのではなかろうか。

抹茶は、撹拌により泡が立つ。茶道の世界では流儀によって泡立て作法が異なり泡に対しての評価も異なるが、泡は外観、口当たり、風味等の点で無視できないものとされている。しかし、玉露や煎茶のように美味しく淹れるための温度や量、時間の目安がないのは何とも不思議なことである。筆者が抹茶を美味しく点てるという観点から科学的に研究した結果を紹介する。

①抹茶濃度：味と泡立ちの面で好ましいのは二％前後。
②湯温：泡立ちが良いのは八〇度位。
③水質：水の硬度は低いほど泡立ち易い。
④泡立て速度：速度は速いほど泡立ち易く、細かい泡になる。
⑤茶筅：茶筅の穂数は多いほど、穂は柔らかいほど泡立ちが良い。

写真12-1　初心者による抹茶泡

写真12-2　熟練者による抹茶泡

熟練者と初心者による抹茶泡を写真12に示した。

二　振り茶

振り茶は日本の各地で行われていたが、現在残っているのは富山県のバタバタ茶、松江のボテボテ茶、沖縄のブクブクー茶である。抹茶のような特別な茶室やお点前、作法もなく気楽に飲めるのが共通した特徴である。

①バタバタ茶

バタバタ茶は富山県朝日町の蛭谷地区に室町時代以前から伝わっており、月命日やお講、結婚、出産など様々な集いの際に開催され、慶事や仏事には隣近所の人を呼び集めてこの茶会を開くのが慣わしである。

黒茶と呼ばれる後発酵茶を煮だし、五郎八茶碗に入れて夫婦茶筅で泡立てて飲用する。その様子が「バタバタ」していることからの命名といわれる。写真13は老人会と子供会合同のバタバタ茶会である。あちこちで車座になって、真ん中に黒茶液の入ったやかんがコンロに掛けられている。各自持参の茶碗でお茶をたて世間話や情報交換をしながらお茶を飲む。菓子や山菜の漬物を食べながら会話が弾み、団欒が二時間、三時間と続くのもうなずける。

蛭谷では毎月バタバタ茶会の老人会があり、「蛭谷では孤独な老人はいない」と聞かされた。日本では急激な高齢社会の到来に向けて、様々な取組がなされているが、人間のメンタルな部分の充実という面で、このような普段着のお茶会は大変有効だと思われる。

写真13　老人会・子供会合同のバタバタ茶会

②ボテボテ茶

ボテボテ茶は島根県の出雲地方で戦前まで広く愛好されていたが、現在一般家庭ではほとんど見られず、松江を訪れた観光客に珍重されている。由来については、禅僧が中国から持ち帰ったとか、たたら職人が桶茶として飲んだ塩粥の変形であるとか、松平不昧公の頃（一七八五年頃）飢饉の際に奨励された救荒食である等諸説ある。

番茶に、干した花茶を加えて煮出した茶液を泡立て（この時のボテボテという音から名前が生じた）、この中に少量のご飯（小豆飯の時もある）と細かく刻んだお菜を入れ、両手で茶碗を振り動かしながら、箸を使わず口の中に放り込む。お菜は甘味のある黒豆やかんぴょう、椎茸等と塩味の沢庵、奈良漬、味噌漬け、シソの実、昆布の佃煮等の中から少量を取り合わせたもので、お茶というより茶漬けといった方が適切かもしれない。写真14はボテボテ茶とお菜である。

③ブクブクー茶

写真14　ボテボテ茶

写真15　ブクブクー茶（ニライカナイ社刊「ブクブクー茶」から）

ブクブクー茶は、ソフトクリームのように盛り上がった真っ白く豊かな泡を飲む、沖縄独特のお茶である。昔、那覇で船出やお祝いの時に親しい人たち同士、楽しい談笑の中で飲まれたという。昭和の初期までは那覇市内で広く愛好されていたが、戦後ぷっつりと途絶え幻のお茶とまでいわれ、その名称さえ知らぬ人が多くなっていた。しかし、沖縄調理師専門学校の新島正子氏や安次富順子氏らの努力により復活して保存会もでき、書籍の刊行、会報の発行、ブクブクー茶体験教室の実施、各種行事やイベントへの参加、勉強会等活発な活動が行われている。

作り方は、焙煎した米と水を煮立たせて作った煎り米湯と、サンピン茶で出した茶湯を大きな木鉢（ブクブクー皿）に入れ、太くて長い茶筅でしっかりと泡立てる。茶湯と少量の小豆飯を入れた銘々碗に泡をソフトクリームのように高く盛り上げ、泡の上に刻んだ落花生をふりかけ（写真15）、箸や匙を使わず口に運ぶが、飲むというより食べる感覚に近く、慣れないと口の周りが泡だらけになる。口の周りに泡を付け、一座のものが皆共に大きなブクブクー皿からわけ取って談笑するというおおらかな穏やかさはいかにも沖縄的な感じがする。

（池田博子）

ブレンド茶の今と昔

お茶と言えば、緑茶や烏龍茶、紅茶のようなシンプルなものが思い浮かぶが、最近は健康ブームで、体に良いブレンド茶が人気である。ブレンド茶とは、異なる産地の茶を混ぜたものを指すこともあるが、多くは複数の原料を混ぜ合わせた茶を示す。市販されている「爽健美茶」や「十六茶」などは、最も身近に普及しているブレンド茶だが、最近は自分自身の体調や好みによって中国の本草茶（薬草などのブレンド茶）や韓国の健康茶（茶葉自体を使わないもの）を選択する人も多くなってきた。

ここでは、このようなブレンド茶の日本と中国のあり方について紹介してみたい。

ブレンド茶と言えば、中国や韓国のお茶、あるいはハーブティーのイメージが強いが、日本にも昔ながらのブレンド茶は存在し、その代表的なものが「玄米茶」である（写真16）。玄米茶は、緑茶に炒った玄米を混ぜ合わせたものであり、香ばしい香りと甘みが特徴である。玄米茶の歴史は新しく、戦前・昭和初期頃に確立したと言われる。

日本には玄米茶以外にも、古くから郷土料理として親しまれてきたお茶もある。例えば庶民が茶筅で茶を泡立てて飲食する「振り茶」というものがあるが、代表的な沖縄のブクブクー茶、富山のバタバタ茶、松江のボテボテ茶は、どれもブレンド茶である。

ブクブクー茶は番茶、さんぴ茶（ジャスミン茶）のほかに、赤飯と細かく砕いたピーナツを使い（写真17）、バタバタ茶は、お茶に塩、ボテボテ茶は番茶におこわ、煮豆、きざんだ高野豆腐や漬物などの具を入れる。また、愛媛や香川のボテ茶など、日本各地に振り茶が点在するが、これらの茶は、抹茶と同様に茶筅を使ってお茶を点てるだけでなく、食べる具材を茶に入れたブレンド茶であることも大きな特徴である。

写真16　玄米茶

前述のように日本のブレンド茶は食べ物を入れることもあったが、茶の発祥地である中国ではどうであろうか。中国のブレンド茶は少なくとも、唐代（七〜一〇世紀）にはすでに存在していた。例えば、世界で初めての茶書とされる陸羽（七三三〜八〇四年）の『茶経』「五之煮」では、お茶に塩を入れることが勧められており、「六之飲」では、ねぎ、生姜、なつめ、みかんの皮などを茶に入れることを批判している。こうした記述から唐代にはすでにブレンド茶としての形態が存在していたことがわかる。

その後、宋代（一〇～一三世紀）に入ると、香辛料などで茶を染めるようになるが、中国史上に見られるブレンド茶の最盛期は明代（一四～一七世紀）であり、明代には数多くの茶書が刊行されると同時に、文学作品中でもお茶についての描写が非常に多く、庶民の飲茶の様子をうかがい知ることができる。

写真17　ブクブクー茶

その代表作が、明代の万暦年間（一五七三～一六二〇年）に成立した『金瓶梅』である。これは豪商、西門慶の放蕩な生活ぶりを中心とする作品であるが、当時の経済・文化・飲食などについても詳細に描写されている。とりわけ、作品中において「茶」という文字が使用されるのは六〇〇回に上っており、ほぼ果実や種、花、野菜などが使われたブレンド茶であった。例えば、「胡桃松子泡茶」（くるみ、松の実の茶）、「蜜餞金橙子泡茶」（金柑の甘付け茶）のような果実や種を用いた茶や、「梅桂潑滷瓜仁泡茶」（バラとひまわりの種茶）、「木樨芝蔴薫笋泡茶」（桂花、ごま、燻製筍の茶）のような、果実・花・野菜などを何種類もブレンドした茶が多数見られる。

特に、金瓶梅の第七二回では「芝蔴鹽筍栗系瓜仁核桃仁夾春不老海青拿天鵝木樨玫瑰潑滷六安雀舌芽茶」といった、胡麻・筍の塩漬け・栗、くるみなど、一〇種類あまりの材料と味が混ざり合った究極のブレンド茶が登場している。

このように明代の特徴的なブレンド茶の風習については、元来中国に存在した花茶や果実を入れた茶が、元代（一三～一四世紀）に中国を支配したモンゴル民族の飲食文化と融合したもので、その後明代後期までの約三〇〇年の間に、中国の茶史上においても極めて珍しい喫茶風習が民間に浸透することとなったと考えられる。

その後、中国ではストレートのお茶が主流となり、次第に茶に果実や種、花、野菜をふんだんに入れる風習は少なくなり、ブレンド茶も漢方薬をブレンドした本草茶、花をブレンドした花茶など健康茶的なものが一般的となった（写真18）。現在では、食べ物を入れるブレンド茶と言えば、雲南省大理のペー族の三道茶（ペー族が客をもてなす茶セットで茶葉の他に、ごま、黒糖、米のポップコーンなどを入れる）や、客家の擂茶（ライ）（緑茶、ごま、ナッツ、米、香草などを細かく砕いて入れる）（写真19）、回族の八宝茶（ユリ根、蓮の実、さんざし、クコの実、白きくらげなどを入れる）（写

写真18　花茶

写真19　客家の擂茶

写真20　回族の八宝茶

真20）など、少数民族の生活習慣として残っているが、擂茶や八宝茶などのブレンド茶は、中国全土にも普及し徐々に人気が高まっている。

以上、日本と中国両国のブレンド茶の変遷を見てきたが、いずれも人々の生活に密着した存在であったことがわかる。昨今見られるブレンド茶の流行も、多様な味わいはもちろん、ここに見てきたように長い間多くの人達に親しまれてきた、そのような思いがブレンドされてきたものだと思うと、より一層味を楽しめるのではないだろうか。

（馬叢慧）

紅茶の産地とその飲み方

紅茶の生産国は世界で二〇ヶ国以上あり、その土地や気候になどの条件によって異なる。また、収穫期によっても品質も異なりそれぞれ特有の個性をもっている。主要な紅茶の産地としてあげられるのはまず世界最大の紅茶の生産国インド。次に世界第二位の生産国スリランカ。そして茶の発祥地の中国。そのほかにもアフリカやインドネシアなどで茶がつくられており、それぞれに特徴がある。「味」「水色」「香り」の三つが紅茶の三大要素とされ、これらをバランスよく満たしているものが世界三大紅茶と呼ばれるインドのダージリン、スリランカのウバ、中国のキーマンである。もちろん日本も世界にもれず、全国約三〇〇か所で紅茶が生産されている。

日本国内で生産、加工されたお茶は「国産紅茶」「日本紅茶」「和紅茶」「地紅茶」などと呼ばれ、ほとんどのお茶の産地で作られている。国産紅茶は一九七一（昭和四六）年の輸入自由化によって衰退の一途をたどっていたが、近年注目が集まると共に国産紅茶の生産者も増えつつあるという。

それでは紅茶の産地とその飲み方について見ていこう。

一言で国産紅茶といっても種類も産地もたくさんあり、香りや味も異なる。そのためお湯の温度や抽出時間をそれぞれにあわせた飲み方が必要である。

また、二〇〇二（平成一四）年鳥取県大山町で開催されたのをきっかけに「全国地紅茶サミット」が毎年開催されている。これは、各地で紅茶づくりをされている生産者が集まり、一般の方との交流を通じて国産紅茶の魅力を高めることが目的とされている。

一言で国産紅茶といっても種類も産地もたくさんあり、香りや味も異なる。国産紅茶専門店「くれは」の店長岡本啓さんによると国産紅茶は大きく三つに分けられるという。

まず、嬉野紅茶（佐賀県）などに代表される緑茶品種を発酵させ、うま味を引き出すような仕上がりの「滋納（じな）」。次に、きつき紅茶（大分県）などに代表される、台湾烏龍茶を感じさせるような色が薄く、香りを楽しむ「清廉（せいれん）」。そして、伊勢紅茶（三重県）に代表される海外紅茶に近い味わいをもつ「望欄（ぼうらん）」。お湯の温度や抽出時間などが異なりそれぞれにあった飲み方があるという。

国産紅茶を代表する紅茶のひとつに「丸子（まりこ）紅茶」があげられる。静岡市丸子赤目ケ谷にある起樹天満宮の境内に、日本の近代茶業の発展の基礎を築いた多田元吉翁の碑（写真21）がある。この地は元吉の旧居と茶園があった場所であり、現在も元吉がインドから持ち帰った紅茶の原種木（写真22）が彼の墓へと続く石段の両脇に残されている。国産紅茶が衰退していく中、

写真21　多田元吉翁の碑（静岡県丸子）

写真22　日本紅茶の原木（静岡県丸子）

紅茶発祥地の紅茶を絶やしてはならないと本格的な国産紅茶づくりを始めたのが丸子紅茶の村松二六さんである。村松さんは「べにふうき」の生産を日本で初めて成功させ、また多くの生産者たちに指導を行い「紅富貴」を全国に広めている。

紅茶の淹れ方の基本として英国式ゴールデンルールというのをよく耳にする。おいしい紅茶五か条として、①品質のよい茶葉を使う②ティーポットを温めふたがあるものを使う③茶葉の量を正確に量る④新鮮な沸騰したお湯を使う⑤茶葉を蒸らす時間をきちんと計る。というものである。

国によって喫茶文化は異なる。紅茶好きで知られる英国ではモーニングティー、アフタヌーンティー、ハイティーなど一日の生活の中に喫茶を楽しむ習慣がある。トルコでは濃い紅茶に角砂糖をたくさん入れたチャイを一日に何杯も飲み、ロシアでもサモワールと呼ばれる湯沸かし器で湯を沸かし、大量の紅茶を飲む。モロッコでは緑茶とミントの葉をブレンドしたミントティーに砂糖を入れて何杯も飲む。そしてあまり知られていないが、古くからの独特の紅茶文化を持っているのがオランダ北東部に隣接するドイツ東フリースラント地方である。ここでは氷砂糖をカップに入れそこに紅茶を注ぎ、その上にクリームを移し入れる。このときにクリームはかき混ぜず、まずクリームごしに紅茶を飲み、それからクリーム、紅茶、氷砂糖が混ざった部分を味わい最後に甘さを堪能する。東フリースラントでは三杯の紅茶が決まりごとで、客人を歓迎する際にも最低三杯は勧められる。三杯飲んだ後ようやくカップにスプーンを入れることができるが、それは「とてもおいしかったです。これで充分です。」ということを意味する。

このように世界の喫茶文化は多様である。個人の好みはあるが、その特性を知り、それぞれに合った淹れ方をすることでおいしい一杯を飲むことができるだろう。

（小野智美）

国産紅茶今昔物語

近年、国産紅茶に注目が集まっている。しかし、国産紅茶の認知度はまだまだ低い。国産紅茶は海外のものと比較すると味や香りに対する評価も低く、生産者の中には、紅茶から緑茶づくりへ転身を余議なくされる者も少なくなかった。けれども、国産紅茶に対する評価が変わりつつある。

国産紅茶とはどのようなものなのか。それでは、国産紅茶の今昔を見ていこう。

国産紅茶の歴史は明治にまでさかのぼる。「中国種の赤茶が英国において大いに好まれ飲用されている。赤茶は中国福建省、河北省にのみ生育しており種子は簡単には外国に売り渡さない」との情報を得た明治政府は将来、国益となると考え赤茶の買い付けに乗り出した。しかし中国茶には緑茶、紅茶という区別はあるが、これは製法の違いだけで同じ茶の木から製造されるという。そこで一八七四（明治七）年、政府は内務省勧業寮に製茶掛を置き「紅茶製法書」を刊行し、全国の茶生産者に向け紅茶製造を推奨した。ついで一八七五（明治八）年、中国紅茶の製造法を直接中国人から指導を受けるため、二人の中国人が派遣された。彼らの指導の下、本格的な紅茶製造の伝習が行われ、日本初の中国式紅茶が製造され欧米各国に見本品が送られたが、いずれも評判は悪かった。翌年も中国人指導による伝習の継続が行われたが進展は見られず結局、中国式紅茶の製造は失敗に終わった。同じ頃、政府は勧業寮の官員、多田元吉を中国に派遣する。けれどもこのころから中国の紅茶生産は、インドの大規模生産に押され世界市場から衰退しつつあった。そこで勧業寮はこの事実を確認するため一八七六（明治九）年、多田元吉ら三名を今度はインドへ派遣した。元吉らは一年近くの視察の後、多くの資料とインド産紅茶の種子を持ち帰った。帰国後、すぐに元吉によるインド式紅茶の伝習が行われた。さらに勧農局は紅茶伝習所を国内四か所（東京、静岡、福岡、鹿児島）に設置し本格的にインド式紅茶の試験を始める方針を進め、インド式紅茶は全国主要の茶生産地に広まった。日本産インド式紅茶が国際市場で高い評価を受けると一気に紅茶生産者が増え、中には紅茶の知識を持たない者まで製造を始めた。やがて粗悪品が市場に出回り始めると日本の紅茶は信用を失い大暴落してしまう。再起を図るため政府は一八七九（明治十二）年、さらに滋賀、三重に紅茶伝習所を開設する。また、民間会社の紅茶生産も始まった。現在も全国有数の茶の生産地である福岡県八女郡星野村にも明治十二年「星光社」という紅茶販売会社が設立されている。星光社の設立趣旨は「紅茶製造を起し、県内の産出を大ならしめ、漸次海外輸出をして隆盛ならしめん事を主とす（省略）」という華々しいものであったが、経営状態は厳しく、途中方向転換を図るも一八九〇（明治二三）年には紅茶製造を見合わせ、やがて星光社そのものが存在しなくなってしまった。

また、元吉が持ち帰ったインド産種子は全国各地で植えられ、それを元に風土にあうよう、様々な方法が試みられた。世界市場へ向け、品種改良を重ね、試行錯誤し優秀な国産紅茶の生産を目指した姿が一九三四（昭和九）年の『国産要覧』から見ることができる。この頃の主要国産生産者として三井合名会社（日東紅茶、實用紅茶）、日本紅茶株式会社があげられ競争外国製造社としてリプトンの名があげられている。その中で「外国産紅茶は粉茶を多量に混入されるも、国産紅茶は葉茶のみにして形状統一し、我が臺灣（台湾）産の紅茶は、世界最大需要国たる英国に於いて最優良種とする英領印度ダージリン紅茶に等しき香気を有するも、リプトン紅茶には之を有せず。」と国産紅茶の優良性を評価しているが、「国産は品質外国品に比し遜色なきに拘らず、価格は半額以下なり。我が国需要者は紅茶と言へばリプトンを指す先入意識あるを以て、国産紅茶の品質優良なるに拘らず、一般に認識せらるるに至らず、常にリプトンに壓迫を受けつつあり」と述べ海外品に圧迫されていることが述べられているが、国産紅茶生産量は伸び続けていた。順調に伸びていた生産量は、戦後台湾を失い減少してしまう。一九五三（昭和二八）年品種登録制度も始まり、戦後の復興とともに国産紅茶は盛り返していく。しかし、国際市場において価格競争力を失った国産紅茶は一九七一（昭和四六）年の輸入自由化を境に衰退の一途をたどっていった。

紅茶の品種改良、育種は、国産紅茶衰退後も続けられた。

現在、鹿児島県枕崎市にある妙見神社に足を運ぶと、そこは野生化した茶の木が生い茂り「紅茶の原木」を見ることができる。そして茶の木の下には以下のような看板が建てられている（写真23）。

紅茶のお母さん

この茶の木が黒潮かおる枕崎に、日本で初めて育ったアッサム種という紅茶の原木です。この木がお母さんとなって、つぎつぎと数多くの優れた品種が生まれ紅茶全盛時代を築きました。しかし時代の流れとともに今日、緑茶の需要の伸びに押され、このお母さん木も今は静かに、再び時の訪れるのを待っています。

◎アッサム種（キャン型）
・原産地　北インド　アッサム地方
・輸　入　昭和六年
・播きつけ　昭和六年四月十日
・樹の高さ　五・二m
・幹の周り　七〇cm

写真23　「紅茶のお母さん」アッサム種という紅茶の原木（鹿児島県枕崎市）

ここは農林省茶業試験場枕崎支場跡地である。現在、茶業試験場は独立行政法人農業・食品産業技術総合研究機構野菜茶業研究所と名を変え移転し、日々品種改良などの研究が続けられている。そして看板の近くには「紅茶碑」も建てられており、以下のように書かれている（写真24）。

紅茶碑

この地に於いて我が国で初めて紅茶栽培が成功した。当時、枕崎町長今給黎誠吾氏は昭和六年印度アッサム種の栽培に着目してこの地に育て京都大学竹崎嘉徳教授の指導の下に育種改良が重ねられここに優秀な国産紅茶が生まれた。

写真24　紅茶碑（鹿児島県枕崎市）

ここ農林水産省野菜茶業試験場枕崎研究拠点で育成され、一九九五（平成七）年に品種登録された「べにふうき」という品種がある。一九六五（昭和四〇）年に交配され品種として完成し、紅茶としては香り、水色、渋みと優れていたが、国産紅茶が衰退していく中、一般には普及せず、幻の紅茶として影をひそめていた。しかし、近年この「べにふうき」を利用した紅茶が海外で賞を受賞した。

一度は衰退してしまった国産紅茶であるが、再び世界で高い評価を受けている。

（小野智美）

弦書房

出版案内

2024年 春

『小さきものの近代 2 』より
絵・中村賢次

弦書房

〒810-0041　福岡市中央区大名2-2-43-301
電話　092(726)9885　　FAX　092(726)9886
URL　http://genshobo.com/　E-mail　books@genshobo.com

◆表示価格はすべて税別です
◆送料無料（ただし、1000円未満の場合は送料 250円を申し受けます）
◆図書目録請求呈

新刊

渡辺京二×武田修志・博幸 往復書簡集

名著『逝きし世の面影』を刊行した頃（68歳）から二〇二二年12月に逝去される直前（92歳）までの書簡220通を収録。その素顔と多様な作品世界が伝わる。　2200円

風船ことはじめ

松尾龍之介

一八〇四年、長崎で揚がった日本初の熱気球＝風船が、なぜ秋田の山中に伝わっているのか。伝えたのは、平賀源内か、オランダ通詞・馬場為八郎か。　2200円

新聞からみた1918《大正期再考》

長野浩典　一九一八年は「歴史的な一大転機」の年。第一次世界大戦、米騒動、シベリア出兵、スペインかぜ。同時代の人々は、この時代をどう生きたのか。　2200円

近現代史

◆熊本日日新聞連載「小さきものの近代」

小さきものの近代 1

渡辺京二最期の本格長編　維新革命以後、鮮やかに浮かびあがる名もなき人々の壮大な物語。　3000円

小さきものの近代 2

国家や権力と関係なく〈自分〉を実現しようと考え

話題の本

生きた言語とは何か 思考停止への警鐘

大嶋仁　言語には「死んだ言語」と「生きた言語」がある。言語が私たちの現実感覚から大きく離れ、多用されるとき、私たちの思考は麻痺する。　1900円

生き直す 免田栄という軌跡

高峰武　獄中34年、再審無罪釈放後38年、人として生き直した稀有な95年の生涯をたどる。釈放後の免田氏が真に求めたものは何か。冤罪事件はなぜくり返されるのか。

◆第44回熊日出版文化賞ジャーナリズム賞受賞　2000円

◆橋川文三 没後41年

三島由紀夫と橋川文三

宮嶋繁明　二人の思想と文学を読み解き、生き方の同質性をあぶり出す力作評論。　2200円

橋川文三 日本浪曼派の精神

宮嶋繁明　『日本浪曼派批判序説』が刊行されるまで（一九六〇年）の前半生。　2300円

橋川文三 野戦攻城の思想

宮嶋繁明　『日本浪曼派批判序説』刊行（一九六〇年）後から晩年まで。　2400円

近代化遺産シリーズ

北九州の近代化遺産
北九州市地域史遺産研究会編　日本の近代化遺産の密集地・北九州市を門司・小倉・若松・八幡・戸畑5地域に分けて紹介。
2200円

産業遺産巡礼《日本編》
市原猛志　全国津々浦々20年におよぶ調査の中から、選りすぐりの212か所を掲載。写真六〇〇点以上。その遺産はなぜそこにあるのか。
2200円

九州遺産《近現代遺産編101》
砂田光紀
世界遺産「明治日本の産業革命遺産」の九州内の主要な遺産群を収録。八幡製鐵所、三池炭鉱、集成館、軍艦島、三菱長崎造船所など101施設を紹介。【好評10刷】
2000円

熊本の近代化遺産 上 下
熊本産業遺産研究会・熊本まちなみトラスト
熊本県下の遺産を全2巻で紹介。世界遺産推薦の「三角港」「万田坑」を含む貴重な遺産を収録。
各1900円

筑豊の近代化遺産
筑豊近代遺産研究会
日本の近代化に貢献した石炭産業の密集地に現存する遺産群を集成。巻末に300の近代化遺産一覧表と年表。
2200円

考える旅

農泊のススメ
宮田静一　農村を救うことは都市生活を健全にする。「長い休暇を楽しむために働く社会」にしませんか。
1700円

不謹慎な旅　負の記憶を巡る「ダークツーリズム」
写真・文／木村聡　「光」を観るか「影」を観るか。40項目の場所と地域をご案内。写真165点余と渾身のルポ。
2000円

イタリアの街角から　スローシティを歩く
陣内秀信　イタリアの建築史、都市史の研究家として活躍する著者が、都市の魅力を再発見。甦る都市の秘密に迫る。
2100円

近刊
＊タイトルは刊行時に変わることがあります

平島大事典　鹿児島の南洋・トカラ列島の博物誌　稲垣尚友【2月刊】

満腹の惑星　木村　聡【2月刊】

福祉社会学、再考　安立清史【4月刊】

◆出版承ります
歴史書、画文集、句歌集、詩集、随筆集など様々な分野の本作りを行っています。ぜひお気軽にご連絡ください。

☎092（726）9885
e-mail books@genshobo.com

第四章　北九州の菓子今昔

小倉の三官飴

近世の小倉で、他国にも知られた名産に小倉織がある。一時途絶えたが、近年復元されたことを知る人は多いだろう。一方でこれとならぶ名品「小倉の飴」があったことは、案外知られていない。小倉の甘いお話をしよう。

はじめに確認しておくが、ここでいう飴とは穀類とくに餅米を原料とし、これを麦や米のもやしの酵素で糖化させたものだ。江戸時代以降はほとんど麦のもやし、すなわち麦芽を利用したから、一般に「麦芽飴」と呼んでいる。サトウキビを原料とする砂糖とは別の甘味食品である。『日本書紀』には神武天皇が飴を作ったとの記事があるから、文字通り、日本人とは「神武以来」のなじみの深い食品といえる。

そのルーツをたどると、中国雲南省からベトナムあたりにかけての、いわゆる照葉樹林帯と呼ばれる地域にあるらしい。ここには飴をはじめ味噌・納豆・甘酒など一連の発酵食の文化があり、これが中国南部経由で日本に伝わったと考えられている。その年代は縄文時代の後晩期というから、今から四〇〇〇年ほど前のこととなる。海外から渡来の食品としては、最古の部類だろう。

今日、飴は嗜好品のイメージがつよいが、砂糖が普及する以前は調味料・食品さらには薬としても重宝されてきた。戦時中、軍の病院に大量の飴が納入されたのは傷病兵の栄養補給のためであったし、出産祝いに飴を贈る習慣もおなじ理由による。

このように、すこしふり返るだけでも、飴が生活のなかで重要な存在であったことがわかる。飴の歴史はたんに嗜好品の歴史ではなく、食生活全般に深くかかわる話でもあるのだ。

小倉の飴がはじめて記録に見えるのは、『一目玉鉾』という絵入りの全国案内記である。一六八九（元禄二）年の刊行で、著者はあの井原西鶴である。いわく、小倉の名物は木綿帯・ちぢみ布とならんで「さんぐはん飴」とある。「さんぐはん」は三官と書き、唐人（外国人、おもに中国人をさす）に由来する名という。

その翌年に刊行の風俗事典的な絵本『人倫訓蒙図彙』の「飴師」の項には、「（京では）桂の里の管飴が名物で、ほかに七条東洞院の西でも作る。江戸では芝の田町の桜飴、（そのほか）豊前小倉が名物飴の産地」とある。

このことから、江戸時代の初期、豊前小倉の飴は京や江戸の飴とならぶ存在であり、そのなかに「三官飴」というブランド飴もあったことがわかる。

その後、正徳・享保ころ（一八世紀初頭）に成立した絵入りの百科事典ともいうべき『和漢三才図会』（写真25）の「飴」の項には、「（むかしは）摂津の平野（大阪市）・山城の伏見（京都市）が有名だったが、今は大坂で多く作る」と今昔の産地をかかげたあとに続いて、「豊前小倉の膠飴は色が琥珀に似て玲瓏（透明である）としており、味もまた淡く美味である」と、具体的に述べている。このころ、大坂の大量生産品に対し、小倉の飴はその品質で知られていた、ともとれる。

小倉の三官飴とはどのような飴だったか。『和漢三才図会』は具体的にしめさないが、解説では飴にはやわらかい「湿飴（水飴とも）」、これを膏薬のように練った「膠飴」、さらに膠飴を白くなるまで引いたり畳んだりした固形の「餳」の三種があるという。　同書には皿に盛った棒状の「餳」と浅い木桶にはいった液状の「膠飴」の図があり、膠飴は「俗に地黄煎と云う」との注釈がある。

ちなみに、地黄煎とは生薬ジオウの汁を加えて練った飴をいう。のちに生薬の入らない水飴も同じ名で呼ぶようになった。

小倉の飴の容器については、佐藤浩司氏による研究がある。氏は小倉城下と周辺の宿場町から出土する小型の陶器壺（図7）に注目し、これが飴の容器であることを解明した。

写真25　小倉の三官飴の記事（『和漢三才図会』）

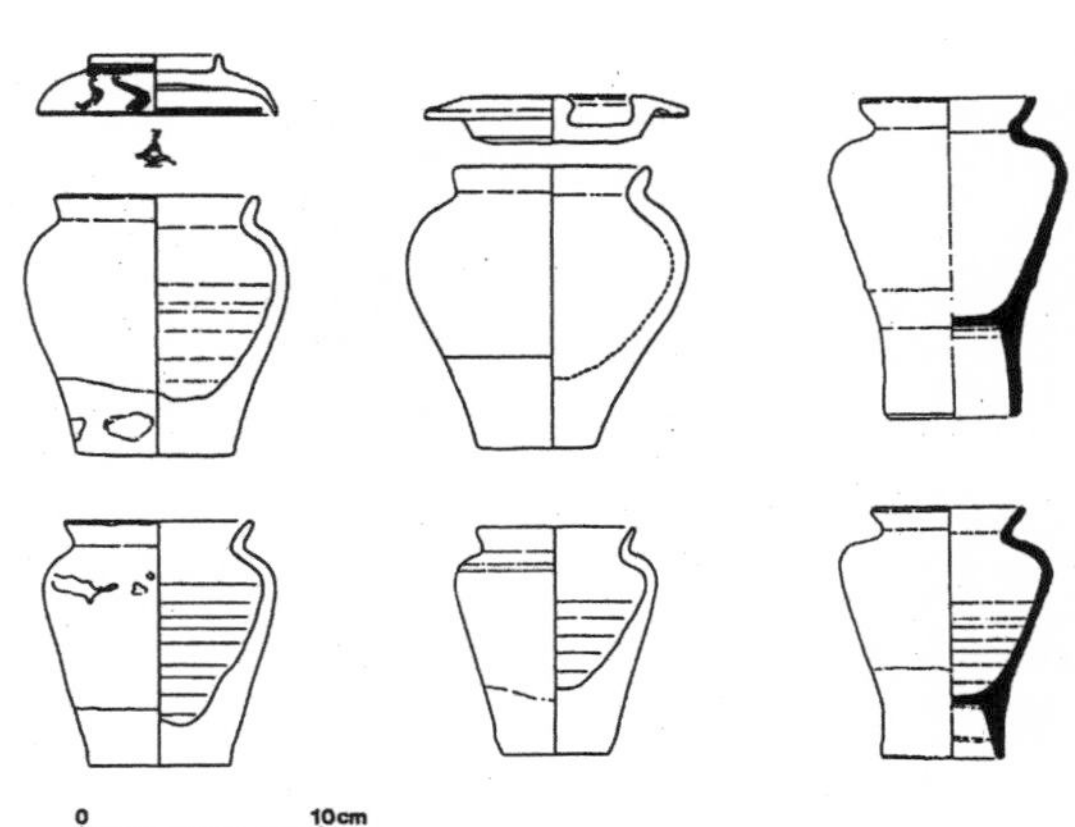

図7　出土した陶器壺（佐藤浩司「小倉名物三官飴とその容器ついて」『財団法人北九州市教育文化事業団埋蔵文化調査室研究紀要』第14号、2000年）

以下、佐藤氏によれば

1. 飴壺の出現は一七七一（明和八）年ころ。
2. 上野焼を主とし、のちに清水皿山製も用いられた。
3. 口がひろく肩が張った形で、容量は一六五グラムから六〇〇グラム入りまでの五種類がある。
4. 三官飴だけでなく、ひろく小倉の飴の容器として使用され、流通したという。

そこで一八五八（安政五）年の『豊国名所』に三官飴の図を見ると、紡錘形の容器を藁で巻いて上端をくくり、首の部分を藁ひもで巻きしめている。藁は器を保護する緩衝材としてだが、全体の形状は佐藤氏のいう飴壺と一致する（写真26）。その形から、中身の三官飴は、やわらかな膠飴と考えてよさそうだ。余談だが、この飴壺、外観から想像できないほど底部が分厚い。これを内容量を多く見せるあざとい上げ底と見るか、壺が倒れないための良心的な配慮と見るか、見解のわかれるところだろう。

時代は下って、幕末の小倉城下には八軒の飴屋があった。常磐橋西詰の三官飴は御用飴として

写真26　三官飴の図（『豊国名所』北九州市立自然史・歴史博物館所蔵）

「江戸、大坂、京都、長崎其外諸国ノ諸侯方、公儀役人」などへ進物の飴はすべてこの店から納めた。また東詰の飴屋某も「小倉名産の飴を商」っていたという（『龍吟成夢』）。この記事から推測すると、このころ小倉名産の飴は二種類あって、ひとつは一般的な「小倉の飴」、他のひとつはブランド品で高級な贈答品の「三官飴」であったことになる。常盤橋西詰付近の発掘調査では、一三〇点もの飴壺が出土している。

一八一〇（文化七）年一〇月、全国測量の途中に小倉に泊まった伊能忠敬と門弟たちは、藩主からそれぞれ「滋飴一陶」を贈られている（『測量日記』）。これも飴壺入りの三官飴と思われる。もっとも、小倉に名産飴が生まれた背景や「三官飴」の名の由来については不明なことが多く、今後の課題である。

（牛嶋英俊）

小倉の鶴の子

南山や鶴の巣ごもるよき日和

この句を詠んだのは女流俳人杉田久女（一八九〇〜一九四六）。久女研究家の増田連氏によると、この句は句集や文集には見当たらないため研究者でも知っている者は少ないにも関わらず、小倉では非常に有名であるという。その理由はなぜか。

一九三五（昭和一〇）年、高浜虚子六十一歳の誕生祝いを送るため、久女は小倉の老舗菓子屋を訪れる。白く小さな卵の形をしたその菓子の名前は「鶴の子」。鶴の子と聞いて、柔らかいマシュマロではなく、堅く口の中で溶けていくあの鶴の子をすぐに思い浮かべる方も多いことだろう。小倉藩主小笠原家の御用菓子商であった福田屋が作っていた菓子である。久女が福田屋で詠んだこの句は後に懸紙印刷され、菓子と共に地元の人にとってなじみ深いものとなった。

福田屋は細川氏が小倉を治めていた時代から小倉に住み始め、最初は紺屋町に店を構えたが、後に米町に店を移した。『小倉市誌』によると、鶴の子は文政の頃に江戸から下ってきた東甘堂から製法を伝えられたものであるという。一九七七（昭和五十二）年、多くの人に惜しまれつつも廃業した。本稿では、鶴の子を作り受け継いできた福田屋の人びとに焦点をあててみたい。

福田屋に残された記録によれば、福田屋の主人は代々市郎兵衛を受け継いでおり、五代目福田市郎兵衛の時に、藩主の許可を得て菓子を一般の人々に売り出すようになったという。彼は下関の奥井六三郎の長女ユキと結婚したが、結婚生活一六年目に早世した。後継ぎのいない福田屋を支えたのは妻ユキで、後継者問題以外にも、数度の火事や江戸から明治への時代の転換期を乗り越え、福田屋を守ったと伝えられている。ユキは自分の甥である奥井梅次郎を後継者に望んだが、奥井家の廃家を避けるため、梅次郎の長女雪枝を福田家の養女とし、梅次郎は後見人となり一家は下関から小倉へ移り住むこととなった。その数ヶ月後ユキは一九一一（明治四四）年、七七歳で没した。

養女となった福田雪枝は、当時四歳であり、福田屋の家業は梅次郎が引き継ぐこととなった。梅次郎は元来手先が器用で、美に造詣が深く、優れた菓子職人であったらしい。菓子以外にも、書画骨董に関心が高く、自身でも絵画や彫刻を嗜んでいたという。また、小笠原家の菩提寺である広寿山福聚寺とは、法会用の菓子を納めるだけでなく、文化的な交流があったらしい。その才能は長男奥井忠義にも受け継がれており、カメラが高級品であった当時、「作品」とも呼べるような素晴らしい写真を数多く残している。その多くはこどもや農業や漁業、商業を営む一般の人びとを対象としており、忠義の優しいまなざしが感じられる。しかし、彼は結核により早世している。また同様に、福田屋を継いだ福田雪枝も早世し、福田屋は梅次郎から次男奥井忠孝へ受け継がれることとなる。

十五、六歳のころから父梅次郎に菓子の製法をたたきこまれ、七代目の福田屋主人となった奥井忠孝は、最後の福田屋主人でもある。戦時中は材料入手が困難なために一度店を閉めたが、周囲の熱意により再開した。長女の美津恵氏によると、戦後すぐは以前のような材料を入手することが困難で、ザラメを石臼でひいて細かい砂糖を作るところから始めたという。店内では抹茶のサービスもあり、北九州ゆかりの文化人も多く訪れたそうである。

福田屋や鶴の子について取材した新聞記事をみると、どの記事でも七代目主人の人柄について謹厳実直と口をそろえる。過度な宣伝をせず、機械化をせず、大量生産をせず、その日のうちに売り切れるだけの量を家族で作って売る。昔ながらの職人気質。父梅次郎とは異なって忠孝は菓子一筋であり、絵や書を収集したり嗜んだりするわけでもなかったのに、なぜか地元の文化人たちが集まってきたという。みんなで集うわけではないが、入れ替わり立ち替わり七代目主人の人柄に集まってきていたようである。

鶴の子が長く愛された理由はもちろん伝統や美味しさがあってのことだろうが、ただそれだけではないのではないだろうか。かつて、福田屋の店内には、棟方志功から贈られたという絵が掲げられていた。そこには、「天下の美事、それはこの銘菓とつくり手」とあったという。小倉の銘菓としての鶴の子。多くの文化人に愛された理由は、伝統を守り伝えてきた福田屋の人びと、特に七代目のお人柄もあってのことだと感じられてならない。

（上野晶子）

松井斌二が記した小倉の食

松井斌二（一八三二～一九一六）は小倉藩士として、藩の歴史関係の文書の整理や藩の運営経過を調べる役職である廨史の役職を務めていた。明治になると教員となり、築城郡の教育発展に貢献したという。松井が著した「倉藩時式」は藩主在府中の規式や小倉における藩士たちの日常生活の中から武家の年中行事を記録したものである。一方、「龍吟成夢」は七八歳の時、庭前の松樹にそよぐ夜風の音が龍の吟叫に聞こえ、夢の中で小倉城下の荒廃を嘆き往昔の姿を後世に伝える必要を思い覚醒し、筆をとったものである。

さて、まずは「倉藩時式」から武家の年中行事と食の記述についてみてみよう。

年始の規式として、正月元日には、塩鰯・大根の漬物・餅に野菜や花鰹を盛った椀・数の子が出され、二日、三日の朝まで同じ雑煮を食べている。四日になると、家々の佳例により、元旦より三日まで神前に供えた物を雑煮にした福入り雑炊を食している。七日には七草粥、一一日には鏡開き、一五日には小豆粥を食して、年始の規式を終える。

節分には、煎った大豆を升に入れ、年男が明方に向かい福は内、後口に向かい鬼は外、再び明方に向かって福は内と三唱して豆を撒くという。三月三日の節句には各家々で雛人形を飾り、よもぎを入れて菱型に切った草餅二枚の間に白餅三枚を重ねたものを用意した。膳には膾・汁・香物・蛤・小豆飯が準備されている。

端午の節句には、蒸したもち米を真菰で包んだものか、熊笹に包んだ団子を蒸した粽を用意した。七夕の夜には灯明・瓜・茄子・ささげ豆などを供え、五色の短冊に七夕の歌を書き笹に飾ったという。膳には素麺がついた。現在では珍しくなったが、九月九日は重陽の節句で、菊の花を神前の神酒瓶の口に挿し、床に菊花を生け、膳には栗飯がついた。

一方、「龍吟成夢」には地域ごとにまちの様子や生業、人々の生活がまとめられている。小倉城下町を歩くつもりで、江戸時代の小倉のまちと食についてみてみよう。

まずは、豊後橋の西側に位置する柳町。店名は定かではないが魚屋があり、生魚料理や仕出し料理をしている。中津屋彦七の豆腐は「彦七豆腐ト世上ニ賞翫セラレ多ク商フ」といわれ大評判らしい。饅頭屋源助が作る饅頭は「杉饅頭」や「源助饅頭」と呼ばれている。この源助は多才で、鬼が蕪に喰いついている様子を描いた角凧「源助凧」、張子の虎「源助虎」を作っており、子供たちが我先に買いに行ったという。

柳町から北西に向かうと西鍛治町になる。ここで有名なのが川島屋勝蔵の料理屋だ。大変繁盛し、息子の金蔵は江戸の料亭八百膳で修業していたらしい。

西鍛治町を北に向かうと心光寺が見えてくる。このあたりは田町一丁目で、大行灯の看板が目印の「遊仙焼」という焼餅の店がある。隣の二丁目にはは印の蕎麦屋や芝尾屋という麦菓子屋があり、仏事の時の茶菓子として使われて、菓子盆に紙を敷いて、蕨の手、柏の葉に菓子を盛って出していた。また、四丁目には造り酒屋今井屋や豆腐屋が数件あり、特に笹蔵という人が豆腐の名人とのことだ。

田町から竪町、大門に入り右へ曲がると西魚町に出る。魚町というだけあって、魚問屋や魚料理屋がたくさんある。若松屋又平という魚問屋は干小鯛や串海鼠、干鱧などを献上しているらしい。料理屋で有名なのは、長市、平戸屋、関屋甚四郎、小串屋勘次郎、海老辰などがある。

小倉城に向かって少し歩くと、参勤交代の道筋になる長崎街道が見えてくる。ここ室町には中原嘉兵衛の家があり、長崎から持ち帰ったオランダ・中国・朝鮮の珍しい品々があり、見物人まで いたそうだ。また、あの有名な「三官飴」は室町にあり、「西国内海名所一覧」にもその名が見える。江戸や大坂、京都、長崎などの殿さま方や役人・寺院などに進物として使われたらしい。

室町を抜けると常盤橋だ。シーボルトの著書『日本』にも描かれているこの橋は、細川忠興が一六〇二（慶長七）年紫川の東に城郭を開いた後、紫川に架けた大橋を、一六九二（元禄五）年に架け替えたものである。北九州市立自然史・歴史博物館には、一八一三（文化一〇）年に設置された石材が展示されている。

さて、常盤橋を渡って東勢溜りへ移動しよう。ここには小倉名産の飴屋がある。近くに新屋という酒蔵もあったらしい。このあたりは酒蔵が多く、京町には住吉屋音右衛門、久富清右衛門の酒蔵もある。住吉屋は能のシテ方で江戸後期の文人画家である田能村竹田が滞在したらしい。近くには恒見屋庄助の菓子屋があり、疱瘡が流行した際は、赤い宝珠が描かれた袋菓子を患者に配ったという。

そのまままっすぐ進むと京町の北側の船頭町になる。松島吉兵衛という料理人がおり、御規式の鯉の庖丁、雉の庖丁が見事だという。

京町の南に位置する米町には、小倉藩主御用達菓子商福田屋がある。福田屋は小倉藩主御用聞の菓子商で広寿山御法会の際、生菓子・干菓子を納めていた。鶴ノ子や美作饅頭、紅羊羹があり、普通の菓子も上等であったという。菓子の才能だけでなく、能楽の横笛の先生として弟子も多かった。

さらにその東の鳥町には、豆腐・八百屋物御用聞の津田屋七三郎がいる。豆腐は絹ごしがうまいらしい。

少し離れた紺屋町には鳥屋市兵衛の酒蔵があった。店には楽しみとして茶器や宇治茶をおいた茶人で、生け花の腕は京都の家元から伝授されるほどであったという。
今では街並みもすっかり変わってしまい、その面影を留める場所はほんの一部かもしれない。しかし、松井斌二が記した「倉藩時式」や「龍吟成夢」からは、江戸時代後期の小倉城下町のまちの様子や人々のくらしが伝わってくる。年中行事に合わせて様々な食事を用意し楽しんでいる姿は、今も昔も変わらない。驚いたのは、食に携わる人の中には単なる商人・職人としてだけでなく、文化人としての面を持っていることだ。このことからも、小倉城下町の文化の高さがうかがえる。

（上野晶子）

ロールケーキ

ロールケーキは一六世紀半ば、ポルトガル人により南蛮菓子とともに伝えられたといわれる。日本で一般に普及したのは昭和三〇年代に山崎製パンが「スイスロール」の名で発売してからで、現在では全国区のポピュラーな洋菓子となっている。それをお菓子文化の息づく旧長崎街道の起点「小倉」の名物に育てようと発足した「小倉ロール研究会」に、筆者は教育の一環として定年退職する二〇一二（平成二四）年まで側面的に関わってきた。その後、二〇一三（平成二五）年三月に北九州菓子組合・西日本リビング新聞社・北九州市によって「六月六日はロールケーキの日実行委員会」が設立され、六月六日近辺に、ロールケーキフェスタが開催され、ロールケーキカフェやロールケーキコンテストが実施されてきた。しかし二〇一九（令和一）年六月、リビング北九州の廃刊に伴って実行委員会は解散し、北九州菓子組合が活動の一端を引き継ぐことになった。

ここでは、筆者が関わった八年間の活動を紹介する。

一　研究会の活動内容

この会の会長はリビング北九州の編集長が務めてきた。発足当初から継続してきた活動の一つはロールケーキ食べくらべである。メンバーが持ち寄ったロールケーキを「利き酒形式」で食べくらべて意見交換するもので、ホームページに掲載されたロールケーキの数は、二〇一一（平成二三）年一月の第三九回まで延べ二五五個にのぼり、その後も増え続けてきた。食べくらべた店舗の数は一〇七店におよんだ。

また、市内の子どもから募集したアイディアを商品化した「空飛ぶチョコバナナ」「ついたっちゃ」は北九州空港内で販売されている。

外部に向けた活動としては六月と一一月に行われるイベントがあり、六月は、日本記念日協会の認定を受けて定められた「六月六日はロールケーキの日」のイベント（写真27）。期間中特典を付けてもらう和洋菓子参加店は、二〇〇五（平成一七）年の一一店舗が、翌年三〇店舗、さらに三〇〇店舗という風に確実に広がった。協力店舗の範囲が小倉から北九州市、さらに福岡県内外に広がった。二〇〇八（平成二〇）年から始めた「ロールケーキカフェ」は毎年開店前から長い行列ができ、開店早々売り切れるという盛況ぶりで出店数も年々増加し、二〇一二（平成二四）年は過去最高の三一店舗となり、このイベントの目玉企画となるほどだった（写真28）。その他、「ロールケーキで作ろう！My『くるる』」、「ロールケーキクイズ」、「市民公開ロールケーキ食べくらべ会」、「ロールケーキフォトコンテスト」、「創作ロールの展示」、「人気パティシエと一緒に親子でロールケーキ巻き体験」、「創作ロールケーキコンテスト」等多彩なイベントが企画されてきた。

一一月のイベントは、数回で終わったものの、北九州モノレール開業二〇周年記念の「ロールケーキ列車」の運行、「シュガーロードサミット」、「小倉のロールケーキ再発見」開催、「ロールケーキ・くる3ーじんぐ」（関門海峡遊覧船「ヴォイジャー」に乗り関門海峡のクルージングと食べくらべ会）が実施された。イベントでおなじみの「くるる」着ぐるみが登場したのは二〇〇七（平成一九）

写真27　ロールケーキの日イベント「創作ロールケーキ展示」（2011年）

写真28　ロールケーキの日イベント「創作ロールケーキカフェ」（2011年）

年で、すっかり人気キャラクターになった。

なお、「くるる」バッジ、特製メモ帳、小型トートバッグ、「くるる」ストラップ等グッズの販売も行われ、この収益は活動費として使われた。

二　広報活動

活発な活動も広報が不十分だと大きな広がりにはつながらない。この点で有利なのは「リビング北九州」が事務局としてその拠点となり、情報を発信できたことである。ホームページはもとより、イベント前後に掲載される特集記事は美味しそうなケーキの写真だけでも迫力があり、ＰＲ効果抜群だった。「食べくらべマップ」は二〇〇四（平成一六）年の一号を皮切りに、その後イベントごとに発行され、六号を数え、二〇〇七（平成一九）年には観光客向けに「小倉スイーツ物語」も発行された。

これらの活動はメディアでも頻繁に取り上げられ、二〇〇四（平成一六）年から取材・紹介された数は表に示す通りで、この種のまちおこしとしては群を抜いている。

元号	西暦	ラジオ	テレビ	新聞	雑誌等	合計
16	2004	1	3	4		8
17	2005	12	13	20	9	54
18	2006	10	10	16	12	48
19	2007	3	14	8	9	34
20	2008	14	6	5	31	56
合計		40	46	53	61	200

メディアに取材・紹介された数

三　定着の要因

このように、小倉発祥でもないロールケーキでありながら、人々を巻き込んで年々活発に育った要因は奈辺にあるのだろうか。この会は「やれる時に、やれる人がやれることをする。しかも楽しみながら」がモットーで、「来る人拒まず、去る人追わず」の自由な参加、会費は食べくらべ会で持ち寄るロールケーキのみで、このゆるやかさも継続性という点には大切なのだろう。ロールケーキを取り上げたことも大きい。ロールケーキの基本材料は卵、砂糖、小麦粉であるが、その配合による変化も興味深く、他の和洋菓子とのコラボやトッピング等でバリエーションを楽しめ、創造力をかきたてられる。食材も、果物、野菜の他に、お茶（紅茶、抹茶、煎茶、ほうじ茶）、豆加工品（きな粉、油揚げ、黒豆、餡）、米類（黒米、紫米、米粉）等多彩で、ご当地ロール、行事、干支ロールなどの展開も容易である。作る立場からは、「巻く」という行為の面白さがあり、巻き方によって渦巻の形が異なり、視覚的にも楽しめ、他の洋菓子にはない魅力を備えている。初代会長の前田和美さんは、「派手ではないが、時代や世代を超えて愛されてきた菓子」という。気取りのなさや何でもありの包容力をもつロールケーキは庶民的で老若男女に好まれ、北九州市とも相通じるような気がしてならない。

また、産学官の連携も大きい。八年間も活発な活動を継続してきたのは先に述べた「リビング北九州」や会員の骨身を惜しまない精力的な活動、北九州菓子組合の協力に加え、行政（まちづくり推進課）や学校の関わりも大きいと思う。学校は、大学、短大、高校、小学校と、その特性に応じて関わってきた。「シュガーロードサミット」では北九州市立大学の八百啓介教授により「シュガーロードの過去・現在・未来」と題した基調講演が行われた。西南女学院短期大学はゼミで取り組み、アイディアロールケーキの発表会、ロールケーキ講習会、イベント時の協力（モノロール、創作ロールケーキの展示）等様々な面で関わり、小倉付属小学校でも地域研究の教材としてロールケーキを取り上げ、「創作ロールの展示」に参加した。

「小倉ロール研究会」から「六月六日はロールケーキの日実行委員会」と主体は変わり、二〇一九（令和一）年で委員会は解散することになったが、今後は北九州菓子組合の方々によって活動は引き継がれることになった。地域に密着して、ロールケーキのごとく様々な人・モノを巻き込んで息長く成長してほしい。

（池田博子）

第五章　食を彩る小道具と製法

食に寄り添う器たち

写真29　尖った底の押型文土器（縄文早期）

食に関わるうつわの原点は日本文化のなかにある。日本の縄文土器は世界最古ともいわれるから、人類が食のために初めて作った土器は私達の祖先だったのである。もっとも、この土器は深鉢形で底が尖ったり、丸かったりしてほとんどが自立しない（写真29）。しかし、地面を少し掘り窪めてそこに置き、周囲で火を焚けば鍋が囲めるのである。さしずめ土器のない旧石器時代に盛んだった肉や魚のバーベキュー料理から、野菜や穀物も煮込んだ温かい鍋料理を手に入れたのが縄文時代だったのである。

その後、稲作文化の伝来とともに、弥生時代人の食生活で使ううつわも変化し、煮炊きする甕や鉢、穀類やお酒などの液体を貯える壺、果物や木の実などを盛りつける高坏など機能分化し、形も簡素で洗練された食器が時代を担う。しかし、『魏志倭人伝』にもあるように、人々は「…食飲用籩豆、手食…」とあり、食べ物を竹製、木製の高杯に盛って手でつかんで食べていたようだ。個人に所属する器を「属人器」とか「銘々器」というが、それらはまだ存在しない社会だったのである。

中国や朝鮮半島との交流で、鏡や青銅製武器、ガラス製品などが一部の権力者によってもたらされるようになると、それに伴いわずかではあるが中国の半島支配の拠点である楽浪郡からもたらされた楽浪系漢式土器の鉢や壺、朝鮮半島製無文土器甕などが北部九州の集落遺跡でも出土するようになる。見慣れない外国の食器を目にして、弥生時代の権力者達は彼の地の食生活や料理に思いを馳せたにちがいない。

写真30　須恵器「蓋坏」の蓋と身

古墳時代になると、食器史上最大の変革が起きる。それは、「須恵器」という新しい焼き物が朝鮮半島より伝来し、あっという間に日本各地で生産されるようになったことである。一二〇〇度ほどの高温で焼かれた須恵器は鼠色を呈し、壺や甕もあるが、その大多数は小ぶりの「蓋坏」と呼ばれるうつわで、字が示すように蓋と坏身がセットになったタイプである（写真30）。それまで赤っぽい土師器を使用していた古墳時代人には、硬質だが暗い色のうつわを奇異に感じたことだろう。たとえば小倉南区上徳力遺跡の竪穴住居からは、土師器と須恵器のうつわが同時に使われて、あたかもカマドの横に伏せて重ねた状態でみつかっている。一家だんらんの食事が終わって母親が食器を洗い、水切りのため伏せ置いた様子が目に浮かぶ。この場合は、須恵器も土師器も複数個体ずつあったため、銘々器として使われたものと考えられ、中に盛る食材との関係の中で、その用途が固定化されていったものと思われる。

　これらのうつわは実は、死者へ捧げる供物を入れる容器としても利用されたようで、古墳の石室内や横穴墓の入口部分に須恵器や土師器の坏蓋や皿、また須恵器で液体を入れる水筒に似た提瓶などがまとめ置かれる例も多い（写真31）。内容物がほとんど残っていないので食材の種類は不明だが、時々クッキー状の炭化物や、アワビや巻き貝の貝殻などがみられることから、古事記に記載された「黄泉戸契」の儀礼に関わりがあるともされている。黄泉の国に伊邪那美命を迎えに行った伊邪那岐命が禁を犯したため、伊邪那美が恐ろしい姿で追いかけてくる場面を想像しただけでもおぞましいが、当時のうつわが神話の世界にも一役買っていることは非常に興味深い。現代人も、死者や神仏に食物を供えるが、その食器として素焼きや漆塗りの皿、供える台として木製の三方や、白木や朱塗りの高坏が使用されていることを目にする。

　うつわは使用される場と供えられる食材により、儀礼や祭祀の場面でもしだいに特化していったようだ。

　質素倹約を重視した食事の形式に「一汁一菜」「一汁三菜」とよ

写真31　古墳の石室に置かれたうつわたち（北九州市上清水３号墳）

ばれるスタイルがあるが、これは日本が中国にならって律令制度を取り入れたころから、徐々に定着したスタイルである。

律令時代の食器は種類（器種）と大きさ（法量）が細かく分かれ、これに金属器、漆器、須恵器、土師器など材質の差が加わって、これを「律令的食器様式」と呼んでいるが、当然それに盛られる食材の差は、まさに階層差、貧富の差を示すのである（写真32）。

ここで左大臣まで上りつめた長屋王の食事内容を紹介しておこう。

これは、長屋王邸を発掘調査した際にみつかった約一一万点の木簡に記載された食材のほんの一部であるが、蒸しアワビ、焼ハマグリ、ホヤの鱠、カニ、クラゲ、ニナ、氷魚、鮎酢、鯛、鱒、鮭、鶏肉、鹿肉、清酒、牛乳（蘇）など、聞いただけでもよだれが出そうな食材ばかりである。長屋王はこうした高級食材を金属の器（佐波理）や漆器で食べていたようで、箸やスプーンも金属製だった。金属の食器は当時新羅から輸入しており、正倉院御物にも見られる。長屋王も最後は政変に巻き込まれ自害するが、私達には生前の栄耀栄華の姿しか想像できないのは皮肉である。

写真32　役人のお膳（右）と庶民のお膳（左）（平安時代）（金子浩之編『古代史復元９古代の都と村』講談社、1989年）

古代が過ぎ、やがて武士の世、中世が訪れるが、うつわにみられる特徴のひとつに機能と用途の完成があげられる。同じ土師器でも埦と、坏・小皿では形態も調整も、つまり仕上げも異なり、たとえば水が漏れる比率（減水率）が全く違うのである（＊「埦」は土を砕いた陶土を原料として焼いたうつわ、「碗」は石を砕いた陶石を原料として焼いたうつわである）。分かりやすくいうと、埦は丁寧に磨かれており、水もれしにくいため汁物に最適であろうし、坏は大きさや食べやすさからは主食かおかずを入れたと考えて良い。一方小皿は浅く、大きさからして液体ではない調味料、塩とか味噌、あるいは漬け物程度のものを載せたと思われる。ここで、「一汁一菜」の食器形態が出来上がる。もっとも、この時期には瓦器埦や中国から輸入した白磁や青磁の碗も一部使用されており、先の三点セットにプラスされて「一汁三菜」の食器形態も想定できるのである。

うつわのこうした形態は、形や大きさを徐々に変えながら、中世末期まで続き、やがて秀吉の朝鮮出兵で日本に連れ帰った朝鮮人陶工たちによる陶磁器の生産と流通で、「お茶碗」というあらたな装いのうつわが誕生した。

食の小道具に過ぎないうつわも、それ自身が悠久な対外交流の歴史と変遷の過程を身にまとっているのである。

（佐藤浩司）

日本の箸・中国の箸

日本と中国を「食文化」という観点から比較した際、料理以外にも多くの共通点がある。例えば、食事の時に箸を使うこともその一つである。日本や中国で生活する人々にとって、箸は食事に欠かせない、ごく自然な存在である。

世界的に見れば、食事の方法には主に三つの方式がある。まずナイフ・フォーク・スプーンなどを使う洋食の形、次に素手でご飯をつかんで食べる形、そして本稿で触れる箸を使う形式である。箸を用いる方法は、中国・日本・韓国といった東アジアで普及していることが特徴である。とりわけ日本は中国・韓国と異なり、箸と匙（スプーン）を併用しない、純粋な箸食文化を持つ点で非常に興味深い。

日本の箸の素材は、主に塗り箸・木や竹製の箸、最近では合成樹脂製のものが使われている。塗り箸には、代表的な若狭塗と輪島塗など多くの種類がある。なお、箸の形状は、首が太く先が細い片口箸、両側が細く真ん中が太い両口箸がある。また、箸の持ち手の形についても、丸・四角・五角・六角・八角など種類が豊富である。そして、使う人や用途によっても、夫婦箸・子供箸・取り箸・菜箸・火箸などが存在する(写真33)。さらに、茶道や包丁式など特別な場合でも、箸は重要な存在に位置づけられている。

このように世界的に見ても日本ほど箸の種類が多く、こだわりを持つ国は他に類を見ず、今日では日本こそが正真正銘の箸大国と呼べるのではないだろうか。

一方、箸発祥の地である中国には、象牙・金属・木・竹・プラスチック製などの箸がある。日本や韓国に比べ中国の箸は二七センチ以上あり長いのが普通である。また、形も首が四角で先が丸いものが多い(写真34)。

写真33　様々なデザインの日本の箸(『世界のお箸、日本のお箸』)

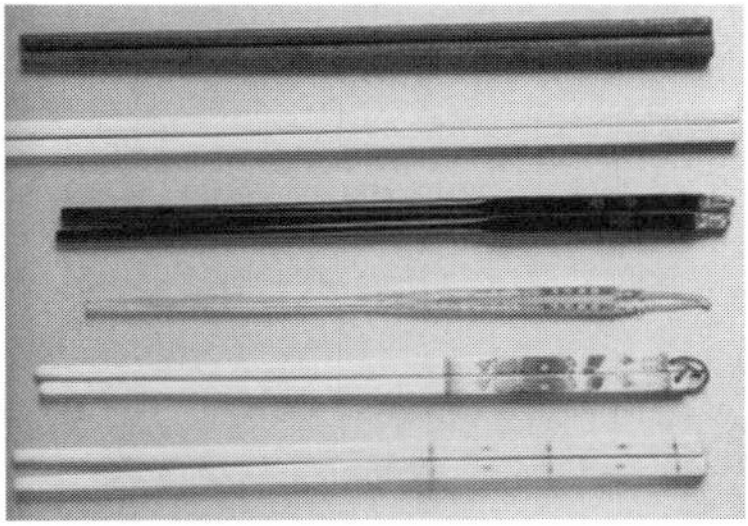

写真34　様々なデザインの中国の箸(『世界のお箸、日本のお箸』)(一色八郎『箸の文化史　世界の箸、日本の箸』御茶の水書房、1993年)

中国では古くから「箸」の字が用いられたが、今日では一般に「筷子」(クゥアィズ)と呼ぶ。

このことについて、明代の陸容(一四三六年〜一四九六年)の『菽園雑記』巻一には、民間では諱(いみな)を避ける風習があり、特に蘇州辺りでは船を出すときに「停まる」という意味の「住」

時代	材質	形状
漢代	青銅製、竹製	円柱形で首が太く先が細い
隋・唐代	銀製、金製	円柱形で首が太く先が細い
		真ん中が太く、両端が細い
宋代	銀製、青銅製	首が六角柱、先が丸くて細い
元代	銀製	円柱形・円錐形・六角柱・八角柱
		首が太く、先が細い
明・清代	竹製、木製、骨製、象牙製	首が方形、先が円形

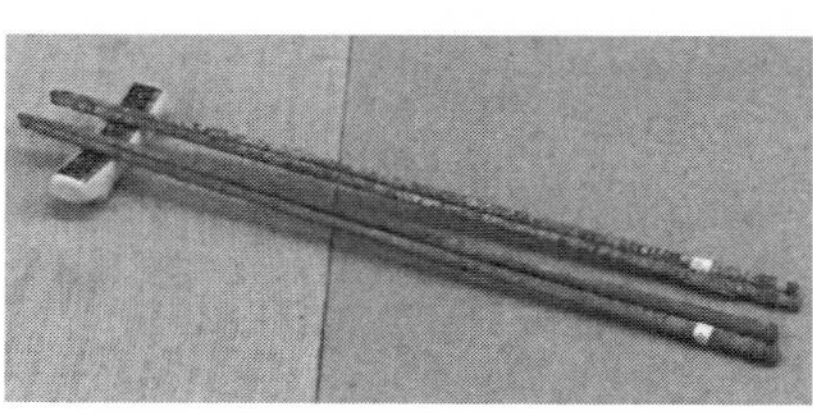

写真35　唐代の銀箸（中国黒龍省HPより）

と「箸」の発音が同じであった為、「箸」の呼び方が「筷子」に改められた、という記述が残っている。

しかし、そもそも箸がいつから使われ始めたかについては、いまだ定説がなく、これまで見つかった最古の箸は、中国河南省安陽市の殷墟から出土した青銅製のものである。王仁湘の『中国食の文化誌』によると、秦代以前の古い箸には、多くはないが骨製・象牙製・青銅製のものが見られる。一方で、竹や木で作られた箸は、腐敗し残存しなかったせいか、見つかっていない。

発掘された漢代以降の箸の材質と形をまとめてみると、表のようになる。中国古代の箸は素材に変化は見られるが、形は円柱形・六角柱などで、首が太く先が細いものが主流である（写真35）。これは現在日本で使われている箸の形を連想させる。

従来、日本の箸の形状の特徴である、首が太く先が細いのは、魚の骨などを取り除きやすく工夫したと考えられてきたが、歴史的経緯を見る限り、日本の箸は中国の隋・唐・宋代の箸の形に大きく影響を受けたと考えることもできよう。
また、箸については食事のマナーにおいて、日本と中国では異なる点も多い。例えば、日本では箸を横置きにするが、中国では縦置きである。これを歴史的に考察してみれば、唐代に残された壁画（写真36）では、宴会の大きいテーブルに箸が横置きになっている。

写真36　唐代の壁画に描かれた宴

中国は日本や韓国とは対照的に、大きいテーブルや円卓を使うイメージがある。しかし、唐の中後期までは、中国でも各自に提供される「銘銘膳」が主な食事形式であった。この場合、箸を手前に横置きしても配膳の邪魔にならないので効率的であった。

それが、唐の中後期に西域（中国の西方）から高足のテーブルが中国に伝わり、銘銘膳から次第にテーブルを囲む会食のスタイルに変わったのである。こうした円卓は、食事の雰囲気が和み、座る人数の融通も利くので今日の中国では広く普及している。この円卓に箸を横置きにすると、隣の人の邪魔にもなるし、中央に近い部分にも置きにくい為、横置きから縦置きに変化したであろうことは想像に難くない。

このように、箸は中国で生まれ、日本に伝来したものであるが、その長い歴史の中で、昔ながらの形を残しながらも、日本の美意識や使いやすさから独自の発展も遂げてきた。最近は、中国でも先が細くなっている箸が使いやすいということで、四〇〇年ぶりに人気を呼んでいることも興味深い。私自身、中国に帰国する際のお土産として、日本製の天然漆塗りの箸や、持ち手の大きさが細分化された子供用の箸などを選ぶと、非常に好評であった。これまで見てきたように、日本と中国の箸は今後もお互いに影響を与えつつ生活に密着した存在であり続けるであろう。

（馬叢慧）

茶筅の種類

茶筅は茶の湯になくてはならない道具で、しかも代替の利かないものである。しかし、その用途は必然的に消耗品であり、それゆえ茶道具の中にも入っておらず記録も少ない。立派な豪華本まである茶碗や、茶入れ、茶杓などと対照的である。ここでは、日本の伝統文化「茶の湯」に大切な役割を果たしているにも関わらず、あまり目立たない、非日常のマイナーな世界の「茶筅」

にスポットを当ててみたい。

茶筅を用いて泡を立てて飲用するお茶としては、抹茶の他にブクブクー茶、バタバタ茶、ボテボテ茶などがあり、泡立てに用いる茶筅は写真37に示すようにお茶によってそれぞれ異なる。ブクブクー茶用茶筅は、直径長さ共に大きく、穂は全体に大変硬く出来ている。バタバタ茶用茶筅は、すす竹を2本竹釘でつなぎ合わせた夫婦茶筅と呼ばれる形をしており、穂先は長く、しかも紙のように薄く削られている。ボテボテ茶用茶筅はブクブクー茶筅を小さくして先端をすぼめたような形である。これらはすべて一重茶筅であるのに対して、抹茶用茶筅は穂と穂の間に交互に糸をかけて編み、内穂と外穂からなる、二重構造が特徴である。

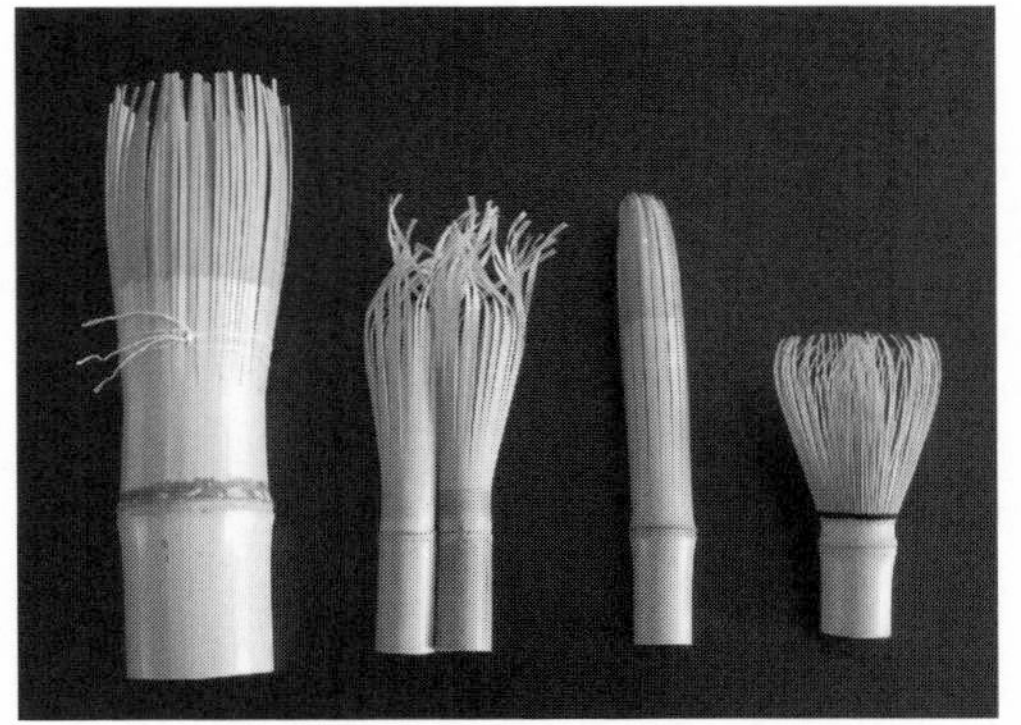

写真37　各地の振り茶用茶筅　左よりブクブクー茶（沖縄）、バタバタ茶（富山県朝日町）、ボテボテ茶（島根県松江）・抹茶（全国）

抹茶用の茶筅は用途別、流派別で、竹の種類、穂の形、穂数、竹の太さ、竹の長さ、糸の色等様々なものがある。薄茶用は数穂、八〇本立、百本立、百二十本立等の名称で販売されており、これが穂の数を示していると考えている人は少なくない。しかし、この名称は必ずしも穂数の目安にはならない。筆者が起泡試験に用いた市販茶筅の穂の数を数えたところ八十本前後が多く、九〇本以上は見られなかった。専門業者によると、竹の太さで穂数の調節を行なうということであり、筆者の調査でも竹が太いほど穂数が多いという関係がみられ、竹の太さは確かに穂数の目安になるといえる。

一　抹茶用茶筅の製法

二〇二〇（令和二）年現在、国内における抹茶用の茶筅は奈良県生駒市高山地区の十八軒と近隣の数軒のみで作られているにすぎない。高山は日本製の約九割を生産する全国一の産地で、一五人の伝統工芸士と職人たちがすべて手作業で作っている。しかし、現在後継者は不足し、近年になって安価な中国産や韓国産も出回るようになり、伝統文化を支える茶筅は深刻な状況である。

では茶筅はどのようにして作られているのだろうか。一子相伝にて守られてきた高山茶筅作りを簡単に紹介する。

①　原料の竹は主に淡竹（ハチクで）、伐採したものを煮沸して油を抜いてから露天干しにした後しばらく寝かせてから加工する。

②　長さ一二㎝ほどの円筒形に切り一六分割してから肉質部を除去して皮だけ残す。割り方は竹の太さや作る穂数によって、一二～二四等分と変化する（片木）。

③　目的とする穂数に割る。八〇本立なら一六等分したそれぞれを五等分し、更に大小交互に

二つに割ると百六〇本になり、太い穂、細い穂各八〇本になる（小割り）。

④湯に浸して柔らかくしてから、根本から先に薄くなるように穂先の内側を薄さ〇・一ミリ以下に小刀でそぐようにして薄く削り、穂先をしごいて形を作る（味削り）。味削りは茶筅作りの工程の中でも最も技術を要す。海外のものはやすりで行うため穂先の表面に細かい傷が残り穂先が折れやすいという。

⑤太い穂（外穂）を一本宛、穂の両側を削って角を除く（面取り）。これは点てるときに抹茶が穂に付着しない効果があるという。

⑥編み糸をかけながら交互に内穂と外穂に仕立てる。

⑦根本の高さと間隔を揃え、穂先の乱れを直して形を整える（腰並べ）。

文字にすれば数行で終わるが、工程の煩雑さと丁寧さに接したら、「高い！」といって敬遠される茶筅がとても安価なものに思えてくる。現に、茶筅作りの体験をした人はほとんどそのような感想を持つという。竹を一ミリ弱に一六〇本にも割る作業もさることながら、八〇本の面取り作業を目にした時はその職人気質に唸ってしまった。茶筅を手にしたら是非そうした職人の思いも感じ取ってほしい。

伝統工芸品として用と美を兼ね備えた茶筅にもっと光が当ってもよいのではないかとつくづく思う。

二　茶筅の形状と泡立ち

筆者は「抹茶の起泡性」を研究テーマとしているが、茶筅の形状と泡立ちに関していえば、茶筅の穂数は多くしかも穂は柔らかい方がよく泡立ち、泡沫も細かくなる傾向がみられる。茶を点てる前後に行う茶筅通しと呼ばれる所作がある。これにより、穂先は柔らかくなり、同時に泡立ちも良くなるといわれるが、これを裏付ける結果である。なお、茶筅の内穂が充分に開かない状態では泡立ちはかなり悪い。内穂が泡立ちに重要な役割があることを確認するため、内穂を除去してみると泡立ちは著しく悪くなり、生じた泡も大きい。要するに茶筅が二重構造であることは抹茶の泡立ちに極めて重要な意味を持つのである。

三　茶筅の発達

では、いったいいつ頃から二重茶筅になったのであろうか。茶筌組合（茶筌組合では「筌」の字をあてる）のホームページには、茶筅の由来として「室町時代中期、高山の領主頼栄の次男宗砌がその親友の称名寺住職・村田珠光の依頼によって作ったのが、高山茶筅の始まりと伝えられています」と書かれている。すでに述べたように茶筅については文献も少なく記録に乏しい。茶筅の歴史を知る手掛かりは描かれた図や遺跡から出土した茶筅であるが、これらから二重茶筅への移行期を探るのは至難の業である。歴史上、最初に茶筅について記載されているのは「大観茶論」（一一〇七年）で、茶筅の図としての初見は南宋時代の「茶具図賛」（一二六九年）である。国内初の記述は金沢文庫古文書（一三二九年）、茶筅の絵は「慕帰絵詞」（一三五一年）でこれらはいずれも一重茶筅である。いつ頃二重茶筅に変化したかについて、沢村信一氏は十六世紀の出土茶筅七点の形状や、抹茶の粒度変化との関連で次のように述べている。氏によると、覆い下茶栽培と茶臼の進化によって、粒度の細かい抹茶が生産されるようになり、攪拌性が良く泡立ちの良い二重茶筅に進化したのではないかという。そして、十六世紀後半には、一重茶筅は濃茶用に、二重茶筅は薄茶用と用途に応じて使い分けされていたと考察している。

竹製品である茶筅は他の竹製品とともに作られることが多く各地で作られていたが、技の高度化と専業化が高山地区へ集約された要因であろう。

（池田博子）

飴を「引く」話

江戸時代、豊前行事村（行橋市）には「飴屋」を屋号とする小倉藩御用の豪商があった。のちに質商・酒商ほか大坂との交易など多角経営におよんだが、創業は飴つくりであり、屋号もこれに由来する。

幕末の一八五九（安政六）年正月、藩主小笠原忠嘉は京都・仲津両郡の廻郡（巡視）をおこなった。総勢百三〇人をこえる大規模なもので、同二五日には行事飴屋の玉江彦右衛門宅を本陣とした。

このとき藩主から「引飴ノ製方（法）」、つまり飴を引く作業を見たいとの所望があった。翌日は雨であり、玉江家は引飴に条件が悪く火災の心配もあるとして作業を辞退した。ところが藩主から、職人が見苦しい風体でもかまわない、雨の日の悪条件は知っているがぜひ見たい、と再三の申しつけがあり、やむなく引飴をご覧にいれた。このときのやりとりから、藩主忠嘉は事前に引飴のことをよく知っていたことがわかる。

忠嘉はこのとき二〇歳。若い小倉の殿様がこれほど興味をしめした「引飴」とはどんなものだったか。

玉江家の記録では、水飴をすこし固くして小鍋に入れ、かまどの蒸気で暖めたものを「手に採りて二人にて互に引き延べ引き延べて白飴と変化せしむ」（原文カナ）という。加熱した固めの水飴を、向かい合った二人が交互に引き延ばして白い飴に仕上げる作業であった。

双方から飴を引き合うことは、江戸中期の一七一三（正徳三）年ころ出版の『和漢三才図会』に記事がある。それによれば「両人対し向てこれを牽く、油を少しばかりつけて牽く也、畳む也。

数十次にて白色に変」じるという（原文カナ）。

引いてはたたむ作業をくり返して飴を硬化させ、水飴とはことなる食感を得る工程が「引（牽）飴」であった。やわらかい水飴に対し、これを堅飴（かたあめ）とよんだ。

引飴の様子を具体的にしめすのが、一七五四（宝暦四）年刊行の『日本山海名物図会』である。ここには摂津（大坂）平野飴の店頭で太い紐状の飴を引く図がある（写真38）。もろ肌脱ぎで向こう鉢巻、両足を踏ん張る二人の姿は、この作業が体力とお互いの呼吸の一致が必要であるのを示している。

写真38　平野飴の飴引き（『日本山海名物図会』）

現代では機械化されて、飴を二人が引き合うことはほとんど途絶えている。柱に打った棒に掛けてはのばすこともあるが（写真39）、それでも引飴はスリリングな作業である。やわらかな飴の塊が生き物のように空中を舞う様子は、若い殿様でなくとも手に汗を握るものがある。昭和三〇年代まで、祭りの露店で飴売りが飴を引いていたが、これもひとつには客寄せのパフォーマンスでもあった。

白く引きあがった飴は、冷えないうちに棒や板状に延ばし、適

写真39　柱に掛ける飴引き（柳川市）

当な形に切ることで、取扱いや加工が格段に容易となった。なにしろ、それまでの飴はやわらかい水飴しかなく、あつかいは結構厄介だったのだ。

飴の歴史のなかで、飴を引（牽）く技術の登場はさほど古くはなさそうだ。室町時代の一四九四（明応三）年ころの『三十三番職人歌合』には、チマキに水飴を塗りつける糖粽（あめちまき）売りの姿があるが、堅飴は見当たらない。

飴を引く具体的な資料の初見は、一六九〇（元禄三）年刊行の『人倫訓蒙図彙（じんりんきんもうずい）』である（写真40）。描かれた飴師は、両手で飴をねじっており、その下には加工した飴製品がならぶ。もっとも、これよりさかのぼる一六三八（寛永一五）年刊行の『毛吹草』に京の名物として桂糖があり、一六八二（天和二）年刊行の『雍州府志』には「形は竹管の如く」であったともいう。すでにこのころ引き飴がなされていた可能性がある。

また一六九七（元禄一〇）年刊の『本朝食鑑』には「若し之を牽こと漸く四五次なるものは、則黄白色を作す」として、その例に菊川飴（静岡県）をあげている。飴を引く回数を短くしたもので、粘りがありながら水飴より軽い食感となっている。

写真40　飴師の図（人倫訓蒙図彙）

引飴技術による堅飴の登場は、飴の用法にも画期をもたらした。固形であれば、壺や曲物など従来の密閉容器は不要となり、携帯や計量も容易となった。また色や形も自由に加工できるから、着色した様々な形の飴や飴細工など、多様な飴が作られるようになった。引いた飴が白くなるのはその過程で空気をふくむためだが、これは食感の向上と同時に容量も増加し、商いにも有利となった。引飴技術の登場は、飴作りの革命だったといえる。

ではこの引飴の技術、どこでどのように生まれ、広まったのだろうか。

国内の飴作りの歴史は古く、縄文時代の終わりころ、水田稲作文化のひとつとして中国大陸から伝来した可能性が高い。当初の飴は水飴と考えられるが、その後も新しい飴つくりの技術や技法が何度かにわけて伝わったらしい。

戯作者の柳亭種彦は、江戸で名をはせた「三官飴（さんかんあめ）」は天正年間に来航した唐人三官なる者が伝えたと推定している。中世には博多をはじめ豊後の府内、関東の小田原まで中国の貿易商人が往来し、饅頭や外郎（ういろう）など新しい食品も伝えたから、彼らが引飴の技術をもたらしたことは十分にありうる。唐人と飴の関係を見れば、飴を引くという新技術も、江戸時代の初めころ彼らの手で伝来したと考えられよう。

余談だが、東アジアにひろく分布する「麺」は、多くは麺棒を使ってのばす。ところが例外的に道具をいっさい使用しない製麺法もあり、今日北京でも見られる竜鬚麺（りゅうぜんめん）は、生地を両手の長さの太い棒状とし、両端をもってのばし、ねじって二つ折りとしてさらにのばす作業をくり返して細い麺を作る。麺と飴との違いはあるが、さきに見た『人倫訓蒙図彙』の飴引きと共通する点が多い。

同様の製麺法は新疆ウイグル地区など中国の辺境地帯に多くのこり、麺棒を使う以前からの古い技術ではないかと考えられている。この製法が記録に登場するのは明の一五九六（万暦二三）年の『本草綱目』であり、『毛吹草』の記事より半世紀ほど前のこととなる。

柱にかけて引く技法は、現代のミャンマー東部のインレー湖付近でも行われており、飴にひねりをかけながら引く点も共通する。これもある時代に中国から伝わったと考えれば、引飴は東アジアにひろく分布する飴作りの技術であるのが理解できる。

（牛嶋英俊）

第六章　江戸・明治期の外来食文化

世界とつながる南蛮菓子

カステラや丸ぼうろなど、南蛮菓子は私たちにとって身近な菓子の一つである。南蛮菓子とは、安土桃山時代にポルトガル人らによって伝えられた南蛮菓子を指し、材料の多くに砂糖と鶏卵が用いられていることを特徴としている。江戸時代までは獣肉とともに、鳥卵を食べることも仏教戒として戒められていた。しかし、一六世紀に南蛮人の食習慣が伝わることで、卵食が広がるようになった。ルイス・フロイスの記述には、布教の成果として、日本人が非常に嫌悪していたはずの卵や牛肉料理などが好んで食べられるようになり、太閤までがそれを好んでいたことが記されている。一七八四（天明四）年には、卵の調理法のみを集めた『萬寶料理秘密箱』（『卵百珍』）が刊行されるほど、江戸時代にはいわゆる「たまごブーム」が起こっている。

さて、南蛮菓子の中で卵が主役の菓子といえば、福岡ではおなじみの「鶏卵素麺」であろう。博多銘菓の鶏卵素麺の元祖とされる松屋菓子舗の由緒には、初代松江利右衛門が商用で長崎に赴いた折に、中国人からその製法を学んだとあるという。

鶏卵素麺のルーツはポルトガルの伝統菓子Fios de ovosであるとされている。fioとは「糸」、

ovoは「卵」を指し、「王家の卵」ともよばれポルトガルの最も古い菓子の一つであるという。中世ポルトガルの修道院では、農民が土地の賃借代として卵を納めたり、貧しい家庭の女性たちが修道女になる際に卵を持参したため、卵がふんだんにあった。また、国内を視察する王たちをもてなし寄付を期待するため、卵を使った美味しいお菓子がうみだされたという。一七世紀の料理書には、熱した砂糖液の中に、穴をあけた卵の殻を使って黄身を細くたらす製法が書かれている。

このFios de ovosは、布教活動の一環で世界を旅することになる。その軌跡がゴア、タイ、そして日本に残っているという。

ゴアはかつてポルトガルの植民地で、リスボンを模した街が作られ、一六世紀の詩人カモンイスによって「東方一の貴婦人」と称えられた。ゴアは対アジア貿易とキリスト教布教活動の拠点となり、各地に聖堂や修道院がつくられ、それらの建築は現在文化遺産に登録されている。その中の一つボム・ジェズ教会には日本に馴染み深いフランシスコ・ザビエルの遺体が安置されており、一〇年に一度公開されている。ゴアのFios de ovosは、「Letria（細い麺）」と呼ばれ、沸騰した砂糖液に卵黄液を落としたものの上に、サクランボの砂糖漬などをトッピングするものが一般的で、家庭で作られる菓子として各家庭でレシピが大切に受け継がれているという。

一方、タイでは「Foy Thong（細かい金）」と呼ばれ、市場やスーパーで購入可能な菓子となっている。製法はポルトガルやゴアと同様に、沸騰した砂糖液の上に卵黄液を落としたものである。同じ主材料で花やしずくの形をしたものもある。Foy Thongは元々宮廷菓子で、日本人を祖先とする宮廷料理人ターオ・トーンキープマーによって伝えられたとされている。

日本では、江戸時代の料理書にその製法を確認することができる。例えば、一六世紀後半に成立したとされている「南蛮料理書」には、

たまこのあかみはかり、ぬのにてこし、砂糖ねり、そのうへに、くすそうめんのやうにたらし、かけ、あけてこんへいとかけ申也。口伝有。

とあり、卵黄を布で漉し、煉った砂糖の上に葛素麺のようにたらしかけ、こんへいと（金平糖）を上からかけるよう書かれている。一方、一六四三（寛永二〇）年の『料理物語』には、「南蛮料理書」よりもより詳しく製法が書かれており、

たまごをあけよくかきあはせ白ざたうをせんじ其中へ玉子のからにてすくひほそくおとし候なり取あげようさましてよし

とあり、卵の殻で卵黄を掬い細くたらす製法が書かれている。

その他の料理書にも、量や砂糖の種類の記述に差があるものの、熱した砂糖液の上に卵液をたらすという製法で一致している。しかし、卵液をたらす際に使用する道具には違いが見られ、一六八九（元禄二）年の『合類日用料理抄』には、卵液をたらす道具として穴をあけた卵の殻、一

七〇〇年後半の成立とされる『四季料理献立』には穴をあけた器、一七八五（天明五）年の『萬寶料理秘密箱前編』には穴をあけた竹筒が記されている。また、素麺状になった卵を掬いあげる道具として、それぞれ杓子、箸、金のあみ杓子が使用されており、使いやすさなどを考慮して道具が変化していったことがうかがえる。

宇都宮由佳氏によれば、ポルトガル、ゴア、タイ、日本のFios de ovosを比較すると、材料はいずれも卵黄と砂糖で違いはないが、タイはアヒルの卵を用いている点が異なるという。また、道具については各地域とも当初は穴をあけた卵の殻を使用し、その後、ゴアではオーブンペーパー、タイではバナナの葉、日本では竹筒など現地で手に入りやすいものに変化し、今日ではゴア以外ではステンレス製の専用道具を用いている。さらに、食べ方はタイと日本ではそのまま単品の菓子として食べるが、ゴアとポルトガルではトッピングとして用いるという。

以上のように、鶏卵素麺のルーツを遡ると、ポルトガルの修道院で誕生したFios de ovosが海を渡り、ゴア、タイ、日本という遠く離れた地へ伝えられ、現在も食されていることがみえてくる。鶏卵素麺と同様に、ポルトガルの料理や菓子がこれらの地域に伝わり、形を変えながら現在に伝わっており、日本でも南蛮漬やてんぷらなどの南蛮料理が存在する。片寄眞木子氏は、これらの食文化は、現地の伝統食とポルトガルの食文化がミックスしたクレオール料理であるといっている。また、日本で食べられている南蛮料理は、単にポルトガル料理と日本料理の融合ではなく、日本に来るまでの長い航海で立ち寄った様々な食文化の影響があると指摘している。

そう思うと、日本の料理や菓子は、世界各地の料理とつながっているといえる。自分たちが食べている食べ物が、いつどこから伝わったのか調べてみると、様々な人や物の交流がみえてくるだろう。

（上野晶子）

江戸時代の中華料理――卓袱・普茶

江戸時代は、一六一二（慶長一七）年の禁教令に始まる禁教・鎖国政策によって、海外との交流が制限された時代であった。しかし、限られた中においても様々な人や物・情報が日本に持ち込まれ、様々な交流が行われた。

料理についてみてみると、江戸時代は日本料理の完成期とされているが、南蛮、阿蘭陀料理の西洋料理や、卓袱、普茶料理の中華料理といった異国料理が長崎を中心に食されていた。南蛮料理は、鎖国以前、布教や貿易を目的に各地に雑居していた南蛮人によって伝えられた食文化で、その一部は日本料理に取り入れられ、南蛮漬けやカステラなどの南蛮料理・菓子が現在でも食されている。一方、阿蘭陀料理は出島オランダ商館に住むオランダ人らによって食されていた料理で、日本料理への影響はほとんどなかったが、為政者や蘭学者らの関心の的となり、研究対象にもなっている。

江戸時代に刊行された料理書は約一八〇冊で、そのうち異国料理書は中華料理のみである。最も古いものは一六九七（元禄一〇）年に刊行された『和漢精進料理抄』で、『八遷卓燕式記』（一七六一（宝暦十一）年）『新撰会席しつぽく趣向帳』（一七七一（明和八）年）『普茶料理抄』（一七七二（明和九）年）『卓子式』（一七八四（天明四）年）『清俗紀聞』（一七九九（寛政一一）年）『料理早指南』（一八〇二（享和二）年）『料理通』初・三・四編（一八二二（文政五）年・一八三五（天保六）年）の八冊が刊行されている。宝暦から天明期における料理文化は重商主義的な経済政策の影響から著しく発展し、料理本の中に百珍物に代表される「遊び」や数々の料理屋が生まれた。また、江戸時代は伝統的な親中華の思想に加え、黄檗宗や儒学思想が普及し、文人画や中国語学、中国俗文学が興り、煎茶文化などが次第に広まり愛好された。そのような中で、料理文化においても、異国への興味が高まり、卓袱、普茶料理が流行した。

卓袱料理と普茶料理の違いについては、『普茶料理抄』に、

卓子は酒茶ともに用ゆ。精進の卓子を普茶といふ。并に禁酒のときは茶を用ゆ。のちに普茶饗応といふ。

とあり、酒と茶とともに用いる料理が卓袱で、精進料理を普茶としている。また、『料理早指南』には、

普茶と卓袱と類したるものながら普茶は精進にて凡て油をもつて佳とす。卓袱は魚るいを以て調じ仕様も常の会席などに別にかはりたる事なしといへども蛮名を仮てすれば式と器もの、好とに心を付る事専要なり。

とあり、精進料理で油を用いるものを普茶、魚類を用いるものを卓袱としている。

両者の食事作法は、テーブル上の大皿に盛られた料理を皆で取り分けて食べるというもので、銘々膳による日本の食事作法とは異なるものであった。この食事作法はちゃぶ台として現在にも受け継がれている。ちゃぶ台を漢字では「卓袱台」と書く。

卓袱は、「卓袱」や「卓子」と表され、江南・東京地域で「卓」をあらわす「シッポク」という方言が語源となったといわれている。『長崎古今集覧名勝図絵』（一八四一〈天保一二〉年）には唐人の宴会として卓袱料理の内容が記されており、豚や鶏、家鴨、鱶鰭や燕巣などの食材を使用し、味付けには豚の煮出しを使うとある。このように、卓袱料理はもともと、肉などを多用する中華料理であった。しかし、『料理通』の卓袱料理に見られるように、食材や味付けは日本人好みに変化していった。また、江戸や京都、大坂には卓袱料理を専門とする料理屋が現れ、幕末には「しっぽく」という名が付されたうどんやそばが販売された。

一方、普茶料理は黄檗寺院で供された料理である。「普茶」とは、「普く大衆に茶を施す」という禅門のことばからきている。黄檗宗は隠元隆琦（一五九二〜一六七三）を開祖とする京都府宇治市の黄檗山万福寺を本山とする禅宗の一派で、明文化の教養を身につけた唐僧たちや明風の伽藍・法式に示される独特の雰囲気に感興をひかれた幕府・大名・旗本・藩士らに支援された。小倉北区には隠元の弟子である則非如一（一六一六〜一六七一）が開いた広寿山福聚寺がある。

橘南谿が著した『西遊記』（一七九五〔寛政七〕年）には、

寺院にも黄檗宗などの寺には普茶とて精進ながら卓子料理をすることなり。

とあり、黄檗寺院で普茶料理が供されていることが記されている。また、『料理通』四編には、

普茶といふハ唐風の調味にて。精進の卓子なり。長崎の禅寺宇治の黄檗などにて客を迎るにハ必ず普茶料理にて饗應す事常例なり。近来上方にて専ら流行して會席に略してする様なれり。

とあり、寺院での普茶料理が会席に略されて上方で流行していることが記されている。

この普茶料理の主な料理は、旬の根菜や乾物類の煮物を大皿に盛り合わせた「笋羹」、揚げ物や蒸し物にあんをかけた「巻繊」、調理の際に出た野菜のへたを葛でとじた「雲片」、下味を付けた揚げ物である「油餈」、胡麻豆腐の元祖「麻腐」、大豆や豆腐で似せて作った鰻やかまぼこなどの擬き料理などがある。肉を使わず美味しく高タンパクに仕上げるため、主に油を多用しているものが多い。

このように、料理書や料理屋によって、長崎に住む唐人の食事であった卓袱料理と、寺でのもてなし料理であった普茶料理が、中国風の珍しい料理として、江戸時代各地に広まり流行していった。ただし、それは味よりも形式を重視した雰囲気を味わうもので、味覚の上では日本風に味付けしたものが好まれた。

明治以降、洋食の普及のために誕生した和洋折衷料理に比べると、卓袱、普茶料理は現在の私たちの食生活にあまりなじみのないものかもしれない。しかし、昭和の頃はどの家でも当たり前にあったちゃぶ台文化のルーツはここにあったのである。

（上野晶子）

明治二三年の菓子つくり現場

昔から伝わるお菓子について、それが「どんな」ものだったかの資料と研究は多いが、「どのように」作られたかはさほど知られてない。理由のひとつに、文字による記録だけでは菓子作りの実態や過程がよくわからないことにある。写真の登場によって、庶民の生活もビジュアルに記録されるようになったが、それでも菓子屋をふくむ商家の写真のほとんどが「店舗前の整列ポーズ」にとどまり、生の現場の様子はわからない。ところが、ここで紹介する資料には今から一三〇余年前（明治二〇年頃）の菓子つくりの様子がくわしく描かれている。これを通して、当時の菓子つくりの現場に立ち会ってみよう。

資料は宗像市昼掛の天満宮に奉納された絵馬である。額縁には「明治廿三年四月吉祥日」の年号と、これを奉納した地元谷口氏一族の名がある。明治二三年は一八九〇年にあたる。（写真41）

写真41　昼掛八幡宮の菓子職人絵馬

絵馬は額縁をふくめて縦五七センチ、横八五センチの比較的小型のもので、画面左側三分の一は菓子を販売する「ミセ」であり、右三分の二に菓子つくりの作業場を描く。人物は六人だが、それぞれ衣装や仕事がことなる。とりあえず「菓子職人図絵馬」と呼んでおこう。

画面右奥には、縞柄の着物に前掛・たすきがけで断髪・向う鉢巻の人物Aが、包丁で何やら厚さのあるものを切っている（写真42—A）。服装や表情から、あきらかに女性である。手前の大きな鉢にかくれてよく見えないが、カステラを切るところのようだ。後方には「菓子箱」と書いた通し番号のある大小二種の塗箱が積まれている。

釉薬のかかった大鉢は、生地をこねる「コネバチ」である。なかに生地と杓文字が見える。こんにち一般的な金属製ボウルが普及する以前は、材料の混ぜ合わせにこのような陶器がひろく用いられていた。これは菓子つくりにかぎらず、製薬業でも同様であった。

右奥の土間で作業台にむかう袢纏(はんてん)姿の人物Bは飴つくりである（写真42―B）。二色の飴を一束にあわせて細くのばし、これを一定の長さに切ってねじり、縞模様の棒飴に仕上げている。

その手前、短いズボンと筒袖シャツに帯をしめた人物 C がうちわで火を調節している（写真42―C）。ややわかりくい絵だが、これはカステラを焼く「引釜」である。白い部分が釜の本体で、内部に柄のついた長方型の枠がある。ここに材料を流しいれ、鉄製のふたに炭火をおいて上下から加熱した。枠の柄を前後に押し引きして焼加減を調節したのでこの名がある。

その左うしろには筒袖の袢纏を着た人物Dが広い板の前にあぐらで座っている（写真43―D）。小切りした生地を左手でとり、右手にもつ短い棒を差しこんでリング状に成形している。色といい形といい、まぎれもなくドーナツに見える。一般にドーナツは型抜きして成形するが、ヨーロッパでは似た製法もおこなわれている。当時の日本にもこのような製法があったのだろうか。

小切りする前の元生地はコネバチにあるようだ。DとBはほぼおなじ衣装で、いずれも右脇で帯を結んでいる。

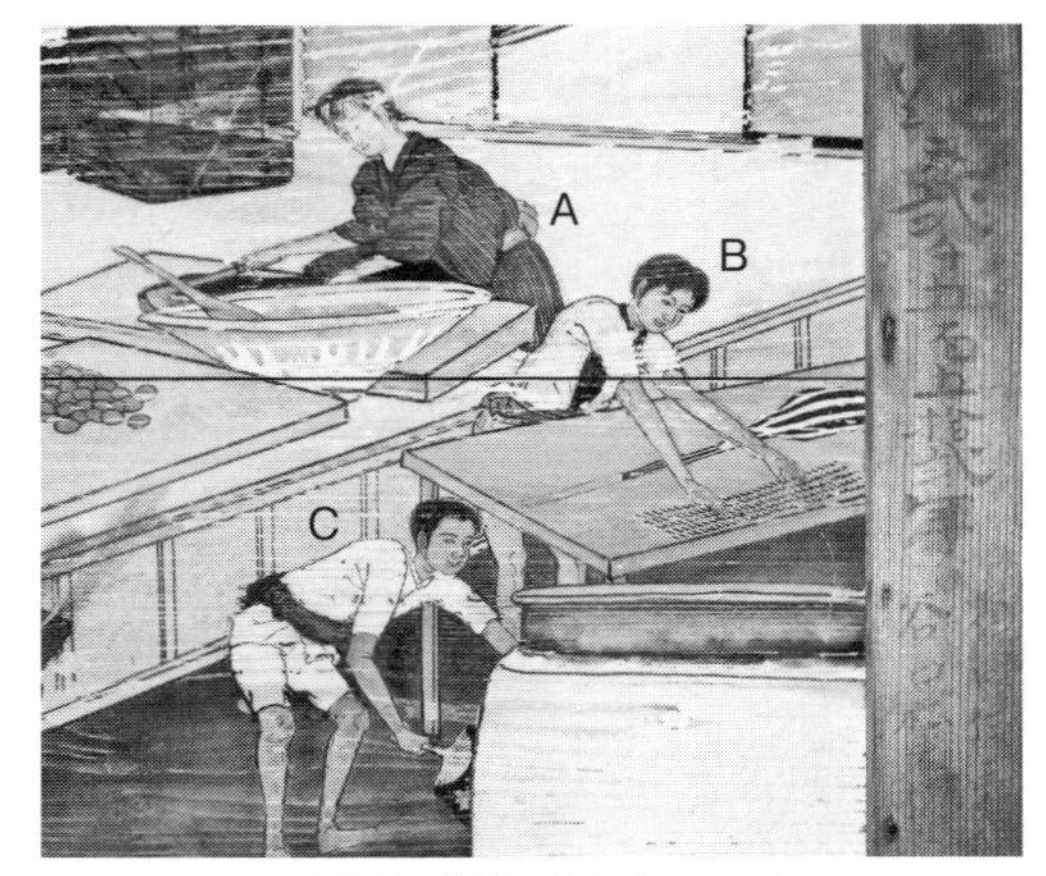

写真42　絵馬の人物A・B・C

写真43　絵馬の人物D・E

その手前には、短い、または尻からげした着物の下に立襟のシャツを着込んだ人物 E が熱気の立ちのぼる鍋を棒でかき回している（写真43―E）。右肩の手ぬぐいと腰をかけた姿勢は、これが暑く長時間の作業であるのを示している。とすれば、これは餡を練る作業と思われる。

画面左手は「ミセ」つまり販売ブースであり、人物F が木箱に入った上生菓子らしいものを透明なガラスのケースに移している（写真44）。筒袖の半天は他とは違う濃い色であり、左腰には豆絞りの手ぬぐいが見える。背後の棚は三、四段に仕切られ、この中にも製品があるように見え

写真44　絵馬の人物F

る。あるいは前面がガラス張りの棚かも知れない。棚の上部には山水のような図柄に落款のある額が掲げられている。

店の奥はわざと襖を開けて襖絵のある奥の間を見せており、住まいの部分の裕福さを誇示しているようにも受けとれる。

全体を見かえすと、伝統的な絵馬とは異なり、近代的なスケッチのような描き方である。手足の長い人物は、当時の日本人ばなれしたスマートさで、断髪の表情も今日風だ。遠近法に多少不自然なところがあるが、少ない色の濃淡でたくみに人や物を描き分けており、手慣れた筆致といえる。絵師の名は不明だが、絵馬の額縁も手作りにちかい造りで、専門の絵馬制作者によるものではないようだ。

描かれた作業は連続または相互に関連するのではなく、個別の作業を一覧表のようにならべて示したものである。あえて関連を求めれば、カステラの焼成とそれを切り分けるところだろうか。

またそれぞれの衣装と描かれ方から、人物間の階層差ともいうべき違いがうかがえる。最も身なりがよく丁寧に描かれているのは女性Aであり、ついで男性Eである。C・Dは素肌に袢纏という簡略な衣装である。カステラを焼くCを筒袖シャツと書いたが、胸元はEとおなじ立襟である。その腰に巻いた帯は他の職人の角帯とは異なり、兵児帯のようにボリュームある表現だ。またEが草履を履くのに対し、Cは裸足という違いがある。衣装をふくめた人物の描き方から見ると、絵の主要人物はAであり、Eがそれにつぐと思われる。

このように見てきたが、絵馬のある宗像市昼掛は今も農村集落で、明治のころこのような菓子屋があった地域ではない。当時の絵馬には見知らぬ土地の情景を地元に伝える「画像情報」の役割もあったから、描かれた菓子つくりも、村の誰かが他の土地でかかわった仕事や商いを故郷に示したものかとも思われる。その場合、絵の主人公らしい女性の存在が気にかかるのだが、いまのところ手がかりに乏しい。とはいえ、一三〇余年も昔の菓子つくりの現場を生き生きと伝える絵馬は見ていてもあきない。

（牛嶋英俊）

バナナと砂糖——近代の門司と台湾

近代の北九州は筑豊の石炭の積み出し港であった若松と海外への窓口であった門司（現在の門

司港）という二つの港町と官営八幡製鉄所が置かれた八幡を中心に近代産業都市として発展する。一八九七（明治三〇）年には、まず門司の人口が二万人を越え小倉を上回った。さらに一九一六（大正五）年には八幡市の人口が門司市を上回る七万八〇〇〇人となり、門司市の七万人、若松市の四万一〇〇〇人、小倉市の三万二〇〇〇人と続く。

今日、北九州名物の駅弁として知られる「かしわ飯」は、内陸部である筑豊の江戸時代以来の鶏卵食文化が、石炭とともに鉄道に乗ってもたらされたものである。その一方、これら港町にはカレー粉などの舶来の食品を扱う商店があらわれた。近代の北九州は若松と門司という二つの港町を窓口として、国内外の多種多様な食文化がもたらされたのである。

今日、門司港といえば戦前から台湾バナナの「叩き売り」発祥の地として知られ、最近では「焼きカレー」が有名であるように、北九州のハイカラでエキゾチックな舶来食文化の起源の地としてのイメージがある。

一八七五（明治八）年に門司の対岸の下関が神戸・長崎とともに岩崎弥太郎の郵便汽船三菱会社（後の日本郵船）の横浜・上海航路の寄港地となった。

一方の門司（現在の門司港）は、一八九九（明治三二）年の日本郵船による神戸・天津航路や一九〇五（明治三八）年の大阪商船による神戸・大連航路の寄港地となったことから、中国本土に目が行きがちである。たとえば、今日、「旧大連航路上屋（旧門司税関一号上屋）」として残る建物は、一九二九（昭和四）年に建築された神戸・大連航路の待合部屋であったという。

しかし、その一方で忘れてはならないのは、近代の門司は実はバナナと砂糖に象徴される台湾からの物産の国内有数の窓口であったということである。

そもそも貿易港としての門司は、一八八九（明治二二）年三月に門司築港株式会社が設立されたことから始まる。同年一一月には米・麦・麦粉・石炭・硫黄の五品に限っての特別輸出港となったのち、一八九九（明治三二）年八月に一般開港場となった。これにともない門司の人口も一八九六（明治二九）年には人口二万人を突破し、一八九九（明治三二）年四月には市制施行により門司市が誕生する。

日清戦争の終結後の一八九五（明治二八）年の下関条約により、清国の領土であった台湾が日本に割譲されると日本の内地と植民地となった台湾との間に、台湾総督府の命令による定期航路が開設される。

すなわち先ず一八九六（明治二九）年五月、大阪商船により神戸・基隆間に台湾総督府の命令航路として定期航路が開かれ、同年九月には日本郵船がこれに続いた。大阪商船の台湾航路は三隻の汽船で一カ月に三便であり、途中、宇品・門司・長崎・三角に寄港した。一方、日本郵船の台湾航路は汽船三隻で、宇品・門司・長崎に寄港した。

一八九八（明治三一）年には大阪商船下関支店門司出張所が門司支店に昇格し、一九〇三（明治三六）年には日本郵船下関支店門司出張所も門司支店に昇格した。台湾航路の新設により外国航路の国内寄港地としての下関と門司の地位が逆転したといってよい。ちなみに現在の門司港には大阪商船門司支店として一九一七（大正六）年に建造された「旧大阪商船ビル」が現存する。

台湾産のバナナは一九〇三（明治三六）年に台湾の基隆から神戸に初めて七籠が輸入され、中継港であった門司へは明治四〇年代ころから輸入されるようになったという。神戸まで運ぶ途中に船中で熟してしまったバナナを途中、門司で売りさばく手段として行われるようになったのが、門司港が発祥とされ名物となったバナナのたたき売りである。

門司港における台湾バナナの輸入量は大正期に入って激増し、第一次世界大戦の終結後、パリで講和会議の開かれた一九一九（大正八）年の三万籠から一九二三（大正十二）年には二八万籠とほぼ一〇倍となったという。

ちなみに大正一〇年代に入ると戦前の四代菓子メーカーの一つであった新高製菓をはじめとする台湾の製菓会社が「バナナキャラメル」を発売するなど「バナナ・ブーム」が起こった。今日もなお病院の見舞いや栄養滋養食として日本人に根強いバナナへの信仰はこの辺りにルーツがあるといえよう。

台湾からのバナナと並ぶ食文化である砂糖の輸入量は、一八九九（明治三二）年には四万九〇〇〇トンであったが、一九〇六（明治三九）年には七万五〇五〇トン、一九一一（明治四四）年には二七万トンに達する。

ちなみに江戸時代の我が国の砂糖の輸入量は年間数千トンであり、明治初年でも一万三八〇〇トンであったことから、台湾割譲が日本人にとって「砂糖の島」の獲得であったことが分かる。台湾における砂糖の生産は、一七世紀初期のオランダ統治時代に福建省からの移民によって始まり、十九世紀の末には年間数万トンが生産されるようになった。しかし、台湾における砂糖の生産が近代に入って本格的に発展するのは日本統治時代であった。

一九〇〇（明治三三）年一二月、台湾総督児玉源太郎と台湾総督府民政長官後藤新平（一八五七～一九二九）の産業振興策に基づき、三井財閥の大番頭であった益田孝（一八四八～一九三八）の尽力により台湾製糖株式会社が設立される。そして翌一九〇一（明治三四）年一一月には台南県橋仔頭（現在の高雄市内）に大規模な製糖工場が完成した。さらに翌一九〇二（明治三五）年には新渡戸稲造により、臨時糖務局の設置と糖業奨励規則の発布からなる製糖保護政策が確立された。こうして台湾における砂糖の生産は急速に近代化していった。

これにともない一九〇一（明治三四）年には門司に初めて二二八〇トンの台湾産砂糖が輸入されたが、一九〇七（明治四〇）年には日本国内への輸入量二〇万トンのうち六万トンが門司に輸入され、横浜に次いで第二位の地位を占めるようになった。

台湾と門司との砂糖による結び付きをさらに深めたのは、一九〇四（明治三七）年に門司に大里製糖所が設立されたことによる。

大里製糖所は一八七四（明治七）年鈴木岩次郎により神戸に設立された商社鈴木商店によるものであったが、大里製糖所開設の立役者は岩次郎亡き後、鈴木商店の屋台骨を支えた大番頭の金子直吉（一八六六～一九四四）であった。

鈴木商店による大里製糖所の開設は、台湾総督民政長官であった後藤新平に台湾の産業振興策としての製糖業を進言したのも、金子直吉である。当時、台湾における樟脳の取引を通じて専売制への協力の見返りとして樟脳油の販売権を獲得するなど関係を深めていた。当初は台湾製糖に対抗して、台湾の基隆に工場を建設する計画であったという。

燃料の石炭と交通の便という点では、原料生産地の台湾に引けを取らない門司の大里製糖所は、日産二〇〇トンという大規模なものであった。

この結果、門司は台湾砂糖の国内への窓口としてだけではなく、精製された台湾砂糖の供給地として頭角を現すこととなった。一九一一（明治四四）年には、門司は横浜にほぼ匹敵する二万五〇〇〇トンの台湾産砂糖を輸入すると同時に、一万七〇〇〇トンを輸出する国内第一の製糖の中心地となったのである。

（八百啓介）

第七章　日本で育てた外来食

海外へ羽ばたく日本料理

これまで、筆者が食研修で訪れた国は三〇数か国に上り、様々な食文化に触れてきたが、日本は盛りつけの美しさやおいしさにおいて他国に例をみない独自な食文化を持っており、観光資源としても強力な武器になるはずだと確信していた。

わが国では二〇〇六（平成一八）年に観光立国推進基本法が制定されて様々なインバウンド対策が行われ、近年外国人観光客が急増し、日本の「食」が熱い視線を浴びている。観光庁が日本訪問者へ「次回したいこと」をヒアリングしたところ、「ショッピング」や「自然・景勝地観光」を抜いて、「日本食を食べること」が1位になったという。

二〇一三（平成二五）年には「和食」がユネスコの無形文化遺産に登録され、二〇一五（平成二七）年の「食」をテーマとしたミラノ万博でも一番の人気は日本館で、行列嫌いのイタリア人を並ばせるほどだったという。近年海外の日本食レストランは急増し、二〇〇六年に約2万4千店だったものが二〇一七年（平成二九）には約一一八〇〇〇店と約五倍近くも増えている（農水省推定）。二〇二一（令和三）年には東京オリンピック・パラリンピック、二〇二五年には大阪万博の開催と、今後外国人が日本料理に触れるチャンスは急増するはずで、和食人気はますます拍車がかかるのであろう。二〇一二（平成二四）年に実施されたジェトロ調査によると、外国人観光客が「訪日前に期待すること」の一位は「食事」であり、外国人が好きな外国料理は、米国を除くすべての主要国において、中国・フランス・イタリア料理を抜いて堂々トップの座に輝いている。また、外国人が好きな料理は、国別には若干異なるものの、全体では寿司をトップに刺身・焼き鳥、天ぷら、ラーメン、うどんと続く。これらの多くは外来食であり、日本で劇的な変容を遂げ、今や「日本食」として位置づけられ、国・地域を問わず好まれる定番人気となったが、なぜこのように世界的な広がりを持つようになったのだろうか。これらの料理を通して日本食ブームの理由や背景を考えてみたい。

一　ヘルシー

日本人の平均寿命は男女とも今なお更新し、国際的にも高い水準で、それを支えている和食が健康食として脚光を浴びるようになった。和食の特徴の一つに油分が少なくヘルシーであることがあげられる。一九七〇年代にアメリカでまとめられたマクガバンレポートの中で、理想的な食事として伝統的な日本の食生活が紹介され、ヘルシー料理の代名詞のように寿司が登場した。このように日本料理ブームはヘルシー志向に端を発している。

二　おいしさ（味の追求）

素材の持ち味を最大限生かして深い味を作っていく高度なテクニックは随所に見られる。たとえば天ぷら。世界には様々な揚げ物があるが、衣をつけて揚げ、天つゆをつけて食べる天ぷらは他国の追随を許さない日本ならではの手法である。揚げ物は水と油の交換現象であり、油と接している衣は高温の影響を直に受けて焼かれた状態になり、焦げ色が付いてカラッとなり、衣に包まれた種は蒸された状態になる。衣と種が適切な状態になる揚げ温度と時間は種により異なるが、それらの個体差を把握しておいしく仕上げる手法は絶妙である。近年は、天ぷら衣の粉が各メーカーより様々なキャッチフレーズで市販されている。

また、ラーメン専門店が世界各地で急激に増え、日本のラーメン人気は寿司をしのぐほどになっている。出身地である中国のラーメンは麺主体であるが、日本のラーメンは、麺、スープ共に味わい深く、特にスープの味が決め手という。だしをとる作業がうまみを引き出し、なじみのある濃厚な味を作りだす日本の旨味文化、面目躍如たるものがある。人気の実態を調査した「世界ラーメン白書二〇一三」によると、外国人が最も好むラーメンの味は男女ともに「とんこつ」だという。

インドの香辛料を混合してカレー粉を考案したのはイギリス人であるが、日本に入ったカレーは日本人の創意工夫により、カレー南蛮、ドライカレー、カツカレー、カレーパン等独自の変化を遂げ、さらに、様々な味の即席カレールー、レトルトカレーへと発展させ、老若男女に好まれ、家庭で食べたい国民食としてトップに君臨するほどになった。

これらは、五感を駆使した日本人の贅沢な味の追求が行きついた一例といえよう。

三　美しい盛り付け

筆者はさらに日本料理の美しい盛り付けも寄与していると思えてならない。面白いエピソードがある。日本料理の美が一つの箱の中に凝縮された松花堂弁当に初めて出会った外国人が、かぶせ蓋をとった瞬間、あまりの美しさに感動し、蓋をしてもう一度開け、再度その感動を味わったという。刺身は切って盛り付けるだけの料理であるが、色、形のバランスの良さに加え、「技」を余すところなく発揮して、余白の美をも考慮に入れた盛り付けの美しさは、芸術の極みである。一九七〇年代に欧州へ旅したとき、改めてそのことを再認識したが、その後、フランスで起こったヌーベルキュイジーヌ（新フランス料理）は、素材を生かした軽く繊細な味付け、余白を生かした盛り付けなど、日本の懐石料理と重なる。

四　日本のハイテクへの信頼感

日本料理への認知度を飛躍的に高めたのは、何といっても寿司であろう。生魚を食べることに抵抗はあったであろうが、受け入れられたのは、おいしくヘルシーだけでは説明しきれないプラスαの要素も働いているようだ。これについて、石毛直道氏は日本に対するイメージも後押ししたのではないかと指摘する。寿司、刺身は衛生上マイナスのイメージがあるが、清潔好きで品質管理が行き届いた工業製品を生産する、そんな日本人の作る料理なら安心して食べられる。第二次世界大戦の中から復興を遂げたバイタリティ、「工業」「技術」「清潔」という言葉に象徴される日本製品への信頼感が、寿司ブームの背景にあったのだろうという。

五　サブカルチャー

すでに述べたように、日本料理の海外進出の先駆けはアメリカであるが、日本食ブームには歌や映画も一役買っている。一九六三（昭和三八）年に「上を向いて歩こう」が「ＳＵＫＩＹＡＫＩ」と改題され、大ヒットしたこの年、ニューヨークに米国初の鮨バーが設置され、一九八〇（昭和五五）年にはＮＢＣの連続ドラマの高視聴率で「ショーグン」旋風が巻き起こり寿司ブームが到来している。そしていま、アニメ、ゲームなどのサブカルチャーによるクール・ジャパン現象が日本食ブームを支えている。アニメや漫画の中でカレーやラーメンを食べるシーンが多く、日本のアニメ文化は日本へ興味を向ける切り口として大きな役割を演じているという。「Ｂｅｎｔｏ」

ブームの火付け役も、アニメやマンガで、登場人物がおいしそうに弁当やおにぎりを食べるシーンといわれる。

人・モノすべてがグローバル化する中で、日本食が海外の隅々にまで旅をし、和食を通して日本への関心・理解が一層深まるに違いない。

（池田博子）

香港人を魅了した日本ラーメン

ある日、福岡に住む友人宅に香港の小学生がホームステイにやってきた。友人が食べたい日本食を質問すると、「ラーメン」と答えたそうだ。日本のとんこつラーメンを、本場の福岡で味わうことが楽しみだという。

ラーメンは中国語の「拉麺」に由来するが、今や日本食を代表する料理となり、世界的な「日本ラーメン」ブームを巻き起こしている。

ＪＥＴＲＯ（日本貿易振興機構）の「日本食品に対する海外消費者調査（中国、香港、台湾、韓国、米国、フランス、イタリア）結果概要」（二〇一三年三月）によると、調査対象の七カ国・地域において、米国を除くすべての国・地域で「好きな外国料理」の一位が「日本料理」であり、特に中国、香港、台湾では「好きな日本料理」で「寿司・刺身・ラーメン」が高い割合を占めている。

これは、いわゆる中華圏においてラーメンが急速に日本の代表的な料理として認められつつあることを示しており、この背景には各地での日本ラーメン店の増加が、さらに流行を後押ししながら日本食としてのラーメンのイメージ定着に貢献していると言える。

ここでは、日本ラーメンの一大拠点として出店が相次ぐ香港の現状と、中華圏のラーメンファンを魅了する「とんこつラーメン」について考察してみたい。

日本ラーメンの海外進出にはいくつかの事例があるが、一九九〇年代以降、香港、中国、台湾を中心に出店し、海外で七八〇店舗以上（二〇一九年八月現在）展開する「味千ラーメン」（重光産業株式会社・本社は熊本市）の成功例が有名である。同社は台湾、中国、香港と相次いで海外出店し、特に香港最大の繁華街の銅鑼湾（どうらわん）（コーズウェイベイ）地区で好評を博し、以後の海外進出の足掛かりとなった。

また、福岡で創業した「一蘭」も、二〇一三年七月に香港の銅鑼湾の謝斐道に海外初出店を果たし、開店後の三〇分で百五〇人待ちの状態となり、香港で一躍注目の的となった。その後、わずか五〇メートルの所に二号店も出店し（写真45）、さらに、二〇一五年六月には香港の尖沙咀（チムサーチョイ）地区にも出店している。

写真45　一蘭（香港銅鑼湾店）日本風の大きなのれん

写真46　三田製麺所（銅鑼湾店）前の行列

現在、「味千」「一蘭」「山頭火」「一風堂」など多数の日本ラーメン店が香港に進出しているが、代表的なこの二社が海外進出の試金石として出店したのが、香港の銅鑼湾であったことに注目し、今回調査を行った。

銅鑼湾は香港島の北岸に位置する一大商業地帯で、日系デパートの「崇光（そごう・SOGO）」も含め、高級ショッピングモールや高層ビルが建ち並ぶ繁華街である。ビル群から奥の路地に一歩入ると、地元の広東料理のみならず中国の地方料理や世界各国の料理が楽しめる飲食店が集まっており、当然ながら競争も激しい。そのような地域に、日本のラーメン店は続々と出店している。

前述の「一蘭」が出店する謝斐道から徒歩で約五分の所に、日本ラーメン店が集中して出店している場所がある。そこは銅鑼湾の登龍街と言う場所で、全長二〇〇メートル程度の小さな路地に、地元の料理店に混じって、「最強とんこつらーめんばり嗎」（本社は広島）、「三田製麺所」（本社は大阪）（写真

46）、「金田家」（本社は福岡）、「豚王」（本社は東京）、「ＴｓｕＴａ」（本社は東京）、隣接する羅素街には「一風堂」（現在は銅鑼湾軒尼詩道にある）も出店し、実に五店舗近くが出店し競合している。

その他にも銅鑼湾には、「味千」、「松壱家」（本社は神奈川）、「ラーメン・つけめん富士山５５」（本社は岐阜）、「梅光軒」（本社は北海道）、「麺屋一平安」（本社は長崎）、「ばくだん屋」（本社は広島）、「ラーメンＪＯ」（香港のみ三店舗）、「麺楽」（香港のみ一店舗）などが出店している。

このように、銅鑼湾には徒歩三〇分圏内に日本ラーメンが二〇店舗近く出店し、密集度の高いエリアとなっている。これらは激戦区という表現に相応しい状況であるが、一方では海外出店という異文化への挑戦の中で日本企業側も同業者に近接した出店形態を選択することによる戦略性を垣間見ることができる。

こうした日本ラーメンの香港進出は、香港島の銅鑼湾において顕著であるが、九龍半島側の尖沙咀などにも進出が進んでおり、広く香港全域で見られる現象となっている。

先述の銅鑼湾への進出店舗からも分かるように、北海道から九州まで、日本各地のラーメン店が香港に出店している。また味付けは、つけめんの店を含め、すべてがとんこつ、あるいはとんこつをベースとした醤油ラーメンや味噌ラーメンである。このことから、昨今の香港における日本ラーメンの人気は、とんこつスープと密接な関係のあることがわかる。

さて、中華圏の中でも香港は広東料理の本場で、醤油や味噌の味にも馴染が深いはずなのに、

写真47　広東料理代表の一つ「豆豉蒸排骨」

写真48　豚骨スープを使った「菜乾猪骨粥」

なぜ香港でとんこつラーメンが人気を集めているのであろうか。ここでは、日本食だからという観点以外に、味覚という点で考えてみたい。

そもそも、豚骨は広東料理で一般的に用いられる食材で、その代表的な料理が、「豆豉と豚軟骨の蒸し物」（写真47）である。また、広東料理でスープは、非常に重要な料理であり、広東人は中国人の中でもスープ好きなことで有名である。広東料理の代表的なスープは、「菜乾（干しナズナ）と豚骨のスープ」「西洋菜（クレソン）と豚骨のスープ」など豚骨を用いて、長時間煮込んだスープが定番である。さらに、この豚骨のスープを利用した「豚骨と干しナズナのお粥」（写真48）「豚骨と落花生のお粥」も一般的な料理である。これらは豚骨を長時間煮込むことで、骨の中に含まれている栄養分がスープに溶け込み体に良いという発想に基づく、昔からの習慣だと思われる。

このように、香港の人にとって豚骨のスープは親しみやすい味であり、体にも良いものだと認

店舗（メニュー）	香港価格 （日本円換算）	日本価格 （税抜）	香港価格／ 日本価格
一風堂（赤丸新味）	72香港ドル（約980円）	790円	124%
一風堂（白丸元味）	68香港ドル（約920円）	690円	133%
一風堂（替玉）	15香港ドル（約200円）	100円	200%
一蘭（天然とんこつ）	89香港ドル（約1210円）	890円	135%
一蘭（替玉）	19香港ドル（約260円）	190円	136%

識される素地があったと考えられる。そこに日本のとんこつラーメンが香港に進出し、日本ラーメン特有の演出（盛付・トッピング・内装など）が加わり、香港で空前のブームを巻き起こしたのではないだろうか。

ただし、今後日本ラーメンが香港で持続的に普及していくかを考える際、日本では身近なラーメンも香港の人々にとってまだまだ高価であることは看過できない。香港と日本でとんこつラーメンの価格を比較したところ表の通りであった（為替レート：一USドル＝約一〇六円＝約七・八五香港ドル、二〇一九年八月現在）。

これらを平均すると、とんこつラーメンは価格を単純に比較しただけでも日本の約一・三倍になることがわかる。ここで各国の経済力を比較する際に用いられる「ビッグマック指数」については、香港二・六二USドルに対して、日本三・五九USドルで、香港は日本の約七三％程度である。（『ザ・エコノミスト』のThe Big Mac index、二〇一九年七月）

この点を考慮すれば、香港で提供されるとんこつラーメンは日本の約二倍程度の価格として実感される場合もあり、これらが他の麺料理とどのように差別化をはかれるかは今後の課題となるであろう。

ラーメンそのものは「シナそば」「中華そば」とも呼ばれるように、日本では中華料理の一部として認識され、日本人にとってはまさに外来食であった。

しかし、この外来食としてのラーメンが日本でアレンジされ、とんこつラーメンという味付けや独特な演出を得たことでかえって日本から海外に進出する契機を得ることとなった。そして、ついにはラーメン発祥の地である中華圏において日本食の代表格として位置づけられるに至った点は非常に興味深いことである。

（馬叢慧）

国民食カレー

その国特有の広く親しまれている食材や料理を国民食と呼ぶ。カレーは日本を代表する国民食である。近年、日本のカレーがヨーロッパを中心にアニメや漫画の影響から人気が高まっている。なぜカレーは外来食でありながら国民食となり海外で人気を得ているのだろうか。その理由を日本へカレーを伝えたとされるイギリスと比較しながら見ていこう。

カレーはインドから直接ではなくイギリスを経由して西洋料理のひとつとして日本へ伝わった。

カレーはインド料理のひとつであるが、日本のカレーはインドのカレーとは異なる。インドのカレーは汁気が多くサラサラしていてカレーに小麦粉を使うことはほとんどない。それに対し日本のカレーの特徴は小麦粉を使った「とろみ」であり、カレー粉を使いジャガイモ、ニンジン、玉ねぎなどの具材を入れ煮込んだ料理である。

日本で最初のカレーの調理法は以下のようなものである。

> 「カレー」の製法は葱一茎生姜半箇　蒜少許を細末に牛酪大一匙を以て煎り水一合五勺を加へ鶏海老鯛蠣赤蛙等のものを入れて能く煮後にカレーの粉小一匙を入煮る　西洋一字間已に熟したるとき塩に加え又小麦粉を大匙二つを水に解きて入れるべし
>
> 『西洋料理指南』一八七二（明治五）年

これを見るとカレー粉を入れ小麦粉でとろみをつけるようになっているが、まだここではジャガイモ、ニンジンは登場せず、タマネギではなく葱を使用している。明治期のカレーの特徴は西洋料理のソースのようなもので、これはインドからではなくイギリスから伝わったことを示している。

イギリスでカレーは一八世紀末、インド料理として知られるようになる。イギリスでカレーについて書かれた料理書『簡単に作れる料理の技法　Art of Cookery Made Plain and Easy』（一七四七年）ではコリアンダーシードで味付けした香りのよいシチューのようなものとして紹介され、その後一七九六年の改訂版ではカレー粉とトウガラシパウダーが使用されている。

カレー粉はイギリスで誕生した。ヴィクトリア時代に中産階級を中心に人気を得た料理本『ビートン夫人の家政書Household Management』（一八六一年）を見ると、玉ねぎは肉と細かく刻んだリンゴと一緒に炒める。小麦粉でとろみをつけ、クリームを用いるとある。更にカレー粉の作り方も詳しく記されているが「カレー粉は、信用できる店で購入したほうが家庭で作るものよりもはるかに品質がよく経済的である」と最後に添え書きがされていることからこの頃にはカレー粉は商品化され販売されていたようである。

日本で主に使用されたイギリスのC&B社のカレー粉について『カレーライスと日本人』で森枝卓士氏が詳しく述べている。その中でC&B社を取材した森枝氏が商品名の下に付けられたコピーを見つけ、そこには以下のように書かれていた。

「本当のカレーを作るための本物のレシピ、イングランドでよく見かけるような色のよくないイミテーションではありません」

先の『ビートン夫人の家政書』にもあるようにこれは偽物も多く出回っていたという事を示している。カレー粉に限らず偽物に対する取り締まりは強化されていたようであるが、味の追求よりも利益が優先された結果、それはイギリス料理の不評を高めることになった理由のひとつなのかもしれない。また、カレー粉は優れていた。あまったシチューにカレー粉を入れるだけで、手軽で経済的に作ることができた。栄養価も高いと考えられていたカレーは一九世紀後半には労働者階級にまで広く浸透していった一方で、富裕層を相手にしたインド料理店も多く開店し、ここでは本格的なインド料理が提供された。やがて一九四七（昭和二二）年のインドの独立、一九七一（昭和四六）年のバングラデッシュの建国以降、多くの移民がイギリスへ押し寄せると、その多くがカレーハウスと呼ばれる大衆向けのインド料理店や輸入業などを営むようになった。その結果、イギリスでカレーがイギリス料理として発展することも家庭料理として定着することもなかった。なぜならカレーは、イギリス人が作り出すイギリス料理ではなく、インド系の出身者たちがつくるインド料理のひとつだからである。

それに対し日本でカレーは、西洋料理として独自の進化をとげてゆく。カレーは大正時代に入ると、トンカツ、コロッケと並んで三大洋食と呼ばれ広く普及していった。ニンジン、ジャガイモ、タマネギが入ったシチューのように煮込んだカレーはやがて「日本のカレー」として定着してゆく。カレーは軍隊食として採用され、料理書や料理学校でも教えられるようになると、西洋料理店だけではなく家庭でも食べられるようになる。カレー粉が国産化されやがて即席カレールゥが登場するとカレーは手軽に作れる家庭料理として定着してゆく。更に飯にカレーをかけたカレーライスだけではなく、カレーパン、カレーうどん、カツカレーなど本来のインドカレーからかけ離れた日本独自のカレー文化まで作りだした。

このようにインドで生まれイギリスでカレー粉を誕生させ日本で育った「国民食カレー」は、日本文化と共に世界へ羽ばたき、その品質と味も含め世界から高い評価をうけている。


（小野智美）

近代の台湾における日本の菓子と菓子商

北部九州が世界有数の菓子文化の先進地域であることは、古代における朝鮮半島との交流、中世の日宋貿易の窓口であった博多における禅宗文化の受容、中世末期から近世にかけての長崎における南蛮文化、黄檗宗文化の受容、近代関門地域における台湾、朝鮮、大連など植民地からの砂糖や食文化の流入という歴史的背景があった。

近代になって日本はアジアへと進出し、やがて不幸な戦争へと至るがこうした中、九州をはじめ日本から伝えられた菓子の文化と技術は今もなおアジアの各地に息づいている。

一八九五（明治二八）年の下関条約による台湾割譲と一九一〇（明治四三）年の日韓条約による韓国併合によって日本は台湾と朝鮮半島を領有することとなった。

この結果、古代以来、中国や朝鮮半島の菓子文化の影響を受けた日本の菓子文化が近代産業社会とともに逆に台湾や朝鮮半島へ進出していくこととなった。

その象徴的存在が明治三十年代に台湾において創業された新高製菓である。

新高製菓は佐賀県川上村出身の森平太郎氏が一九〇五（明治三十八）年に日露戦争後の台湾に渡り台北において一六軒の名で饅頭、キャラメルを製造販売するとともに喫茶店舗を営業したことから始まり、一九一七（大正六）年には製菓部を新高製菓として独立させ内地での製造販売を始めたものである。

下関条約による台湾の割譲とともに日本は台湾総督府を設置したが、その主な政策のひとつが十七世紀以来甘蔗（サトウキビ）の栽培が行われてきた台湾の製糖業を近代化し日本の支配下に置くことにあった。このため一九〇一（明治三四）年に新渡戸稲造によって『糖業改良意見書』が提出され、翌一九〇二（明治三五）年には台湾総督府に糖務局が設けられた。

台湾における日本の砂糖の買い付けは一八九八（明治三一）年からであるが、一九〇二（明治三五）年には日本人による近代的な「新式」製糖技術を採用した台湾製糖が創業し、一九〇五（明治三八）年には新興製糖、明治製糖、鹽水港製糖の三社、一九〇九（明治四二）年には大日本製糖、東京製糖の二社、一九一一（明治四四）年には林本源製糖、新高製糖の二社、一九一二（明治四五）年には帝国製糖、臺南製糖、臺北製糖、北港製糖の四社の「新式」製糖工場が相次いで操業を始めた。

こうした台湾における製糖業の発展を背景に一九〇二（明治三五）年には台湾から日本国内への砂糖の移出量は約二六五万トンであったが一九〇七（明治四〇）年には約九四五〇万トン、一九一二（大正元）年には約二億四七一六万トンと急速に増加していった。

日本統治以前の台湾の菓子は中国本土からの移民農民がもたらした糕餅（ケーキ類）や蜜餞（砂糖漬け類）や糖果（キャンディ類）が中心であった。

張尊楨氏の『臺灣老字號』（二〇〇四年）によれば清朝末期の台湾には台北のほか中国大陸からの入り口であった台南、鹿港（彰化県）の各地に著名な店があった。

たとえば今日台湾の食品メーカーである郭元益食品は一八六七（同治六年わが国の慶応三年）年に台北士林で創業している。

一九一二（明治四五）年の『臺灣商工人名録』によれば菓子商二一名のうち台北市内が一一名、台中市内が三名、基隆市内が二名、宜蘭が二名であったという。

台湾の菓子史を研究されている郭立婷氏によると、台湾における日本人菓子商のパイオニアは一八九五（明治二八）年に台湾に渡った太田常太郎であったという。太田は翌一八九五（明治二九）

年に台北において末廣菓子店を創業し「蕉實煎餅」を考案し販売したという。その後、一九〇二（明治三五）年頃には台北では末廣菓子店のほか三日月堂が「芭蕉飴」を、日新軒が「蕉實飴」を、岡女庵が「バナナ糖」を製造販売していたという。

こうした中で佐賀県出身の森平太郎が明治三〇年代末に一六軒を創業した後、一九一七（大正六）年に台北市近郊の古亭町に工場を建設し、一九二〇（大正九）年には「バナナキャラメル」の製造販売を開始した。同年には台南において日本人一二人出資により臺湾製菓株式會社が設立されるなど台湾菓子業界における日本人菓子商の全盛期であったといえよう。

熊本の株式会社香梅の創業者であった副島梅太郎氏の父は佐賀県出身の飴職人であったが一九一八（大正七）年に一家は台湾に渡る。一九二三（大正一二）年に台北の小学校を卒業した梅太郎氏は父親と同県人の森平太郎の経営する新高製菓に丁稚として就職し菓子職人の道を歩み始めた。梅太郎氏の回顧録によれば当時新高製菓とその本店である一六軒は隆盛を極めており、新高製菓は和生菓子部、バナナキャラメル部、水飴部、製餡部、洋生菓子部、洋干菓子部、掛もの部、羊羹部、芭蕉飴部、甘納豆部、煎餅部、最中種部、カステラ部、菓子パン部、食パン部、焼菓子部、ドロップス部、茶口物部の一八の部門に分かれ四〇〇名の従業員を要する総合菓子メーカーであったという。

新高製菓で菓子を作っていたのは日本人だけではない。今日、台北市内には十字軒餅店（博愛路）と十字軒糕餅舗（延平北路）の二つの菓子店が存在するが、ともに邱炳星氏が一九三〇（昭和五）年に当時の太平町に創業した「十字軒」がもととなっており中華菓子の糕點や餅類のほかに豆餡餅などを販売している。

このうち十字軒餅店のしおりによると「『十字軒』源起於日據時代・創業者當時拜師日本『一六軒』・於其中習得製作東西糕點之技藝」とあることから邱炳星氏は一六軒すなわち新高製菓で和洋菓子職人としての腕を磨かれたこと、副島梅太郎氏と同門であったことが分かる。

副島氏の回顧録によれば当時の新高製菓は「好奇心の強いものなら全部門に精通することが出来る条件を満たして」いた、さながら製菓学校の様相を呈していたのである。

また台中市の義華餅行は一九三五（昭和一〇）年に楊勝達氏によって創業された「秋月堂菓子舗」が戦後の一九四六（昭和二一）年に改名した台湾でも数少ない戦前からの老舗菓子店である。そのしおりによれば「創始人楊勝達於年少時即跟隨日本糕餅師傅學藝」とあることからやはり丁稚として新高製菓で修行された可能性が大きい。

このように新高製菓のＤＮＡとも言える高い製菓技術は今日もなお北は北海道（小樽市の米華堂）から南は九州（熊本市のお菓子の香梅）までの日本国内のみならず台湾においても受け継がれているのである。

新高製菓の存在はライバルであった台湾の菓子商たちにも大きな影響と刺激とを与えたといえ

る。

清朝末期の一八七七（光緒三）年に彰化県鹿港で穀物商の長男であった黄錦氏によって創業された「玉珍齋」は鳳眼糕（緑豆粉を使った落雁に似た菓子）で知られるが、五代目当主の黄一彬氏の話によれば先代の黄森榮氏から聞いた話として、缶入りというパッケージなど新高製菓の商売の仕方は斬新であり高級菓子を自負する「玉珍齋」も注意を払っていたという。

戦前日本の内地からの近代菓子メーカーの台湾への進出は一九〇六（明治三九）年に森永製菓が台北市内の辻利茶舗において洋菓子の販売を行ったことに始まる。その後、一九二五（大正一四）年には森永製品臺湾販賣株式會社が設立され、次いで一九二九（昭和四）年に明治製菓が台北市内の本町に販売所を開き、菓子や粉ミルクを販売する。

台湾には他に一九〇八（明治四一）年に台中市内の豊原で初代陳允氏が仔買糕（おこし）の店を開き、一九四〇（昭和一五）年二代目陳金泉氏が東京で修行ののち立川に「宝泉製菓本舗」を設立し大福餅などを販売されていたという由緒を持つ「寶泉食品」が台中市内にある。

現在の台湾の菓子の系譜は清朝時代に中国大陸から伝わった中華菓子と日本から伝わった和菓子・パンの二つの系譜が脈々と流れている。

（八百啓介）

中国茶芸に見る日本茶文化の影響

近年、中国茶芸が広く知られるようになり、日本に長い歴史を持つ「茶道」があるように、中国にも古くから「茶芸」が存在したと思われがちだが、実際には中国茶芸は形成されて五〇年しか経っていない新しい飲茶の形式である。代表的な辞典である『大漢和辞典』『漢語大詞典』『辞海』などでさえ掲載されていないことからも、「茶芸」という言葉は比較的新しい造語であることがうかがえる。

一九七七（昭和五二）年、台湾において中国の伝統文化を再認識しようとする風潮の中で、当時の台湾の中国民俗学会理事長の婁子匡（一九〇七〜二〇〇五年）を中心とした茶文化愛好家達により、日本の茶道と区別する為に提案されたのが「茶芸」という言葉の由来である。この「茶芸」の定義について台湾中華茶文化学会の理事長の范増平は、「茶の淹れ方、いただき方のお手前、及びそれにまつわる芸術的なこと」としている。

茶芸は一九七〇年代後半から一九八〇年代前半にかけて台湾で確立し、その後、香港や大陸にも伝わり、新しい茶文化の一形態として広く普及することとなった。一般的に茶文化に関しては、中国から日本に伝来したというイメージのみ強いが、本稿では中国茶芸に対して日本の茶文化がどのような影響を与えたかについて着眼してみたい。

中国大陸では古来より茶が飲まれており、茶文化についての記述は古くは魏晋南北朝まで遡ることができる。しかし、茶芸が中国大陸ではなく、工夫茶の風習の歴史も百年余りしかない台湾で、どうして発生したのであろうか。

今日の茶芸は、ウーロン茶、緑茶、紅茶など、茶の種類によって淹れ方が細かく分けられているが、その原型となるものは「工夫茶」である。工夫茶は、中国の明清期に、福建省や広東省の潮州で、武夷茶の作法としてすでに存在していた。清代咸豊期(一八五〇〜一八六一年)の寄泉(生没年不詳)の作品『蝶階外史・工夫茶』では、工夫茶の茶葉の選択、茶の淹れ方や飲み方など、作法が詳しく記述された。当時の工夫茶は、福建省や広東省など東南沿海地域限定の飲茶形式に過ぎず、中国全土に広がることはなかった。その一方で、中国東南沿海地域と台湾との間を往来する人や、台湾に移住する人々を通じて、工夫茶の飲茶形式が台湾に伝わり定着することとなった。

台湾において茶芸の形成に影響を与えた文化的要素として、茶芸研究家の張宏庸は『台灣傳統茶藝文化』において、「旅台文化」「僑寓文化」「本土文化」「旅陸文化」をあげており、さらに日本から影響を受けた「師日文化」を提示した。張宏庸は「師日文化」の特徴を、日本植民地時代に台湾と日本の文人間で交流が盛んに行われることで、中国東南沿海地域から伝わった工夫茶に日本文化が融合され、新しい台湾文化が形成されたことだとしている。つまり、茶芸の形成には台湾と中国大陸との文化交流だけでなく、日本の茶文化の影響もあったことが一つの要因であることを示唆している。

ここでは具体的に日本の茶文化が茶芸の茶道具に与えた影響について見てみたい。

茶芸に使われる茶道具は、工夫茶の台湾への伝来を背景に、中国大陸、特に福建省や広東省から輸入されていたが、日本植民地時代に入ると、日本からも茶道具が大量に輸入され、次第に台湾では大陸よりも日本のものが入手しやすくなった。そのことが後に茶芸が形成された際、茶道具に変化をもたらしたのであるが、代表的な物として急須や湯沸しをあげることができる。

まず、茶壺（急須）について、台湾の詩人・史学者として名を知られる連横（一八七八〜一九三六年）は、その作品『剣花室詩集』の茶詩において、茶壺のことを「若深小盞孟臣壺」と記した。この「孟臣壺」は、台湾の工夫茶に用いられる茶壺の基本的な形であり、中国大陸から台湾に伝来した（写真49右）。「孟臣壺」の「孟臣」は中国明清期の茶壺の名人「惠孟臣」の名前から由来したものである。台湾における日本占領時代には、日本式の急須、特に横手式が伝来された。横手式は、中国では古くから湯沸し（写真49上部中央）として使われており、急須として使われた記述は見当たらない。恐らく中国から日本に伝わって以降、横手式の湯沸しが急須に転用されるようになったものと思われる。そして、この横手式の急須が日本の茶道具として台湾に伝わり、工夫茶に取り入れられるようになったのである。

次に、提梁式湯沸しの持ち手にも日本の影響が見られる。中国の伝統的な湯沸しは、持ち手を意味する「提梁」が主に二種類ある。一つは湯沸しの胴体と一体のもので（写真50）、もう一つは金属製のものである。日本の茶道具の流入により、台湾では日本の土瓶同様に、湯沸かしの持ち手が竹や藤で作られるようになった（写真51）。

また、工夫茶では欠かせない「茶海」（写真51中央、公道杯ともいう、茶の味を均等にするために使う）

写真49　清代の茶器（台湾国立故宮博物院蔵）

写真50　持ち手が胴体と一体となる明代の湯沸かし（台湾国立故宮博物院蔵）

写真51　台湾現代工夫茶茶器（台湾国立故宮博物院蔵）

も日本の煎茶道の「湯冷まし」の形の影響を受けて考案されたと言われる。そして、本来の工夫茶では用いない風炉と釜を使用する台湾茶人も現れ、中国茶に無い日本の懐紙が台湾に伝わり、茶道具を清める「茶紙」として導入されることとなった。

茶は中国で生まれ、日本に伝来してから長い期間を経て日本独自の茶文化を形成した。そして、台湾における中国茶芸の形成過程において、日本の茶文化は少なからず影響を与えることとなったのである。

（馬叢慧）

関連施設

《第一章》

茶馬古道博物館

「茶馬古道」の交易で栄えた東河古鎮内の古建築内に設けられた博物館。キャラバン交易の歴史や文化を知ることができる。

【所在地】中国雲南省麗江市古城区東河古鎮中和路
【開館時間】九時から十七時三十分
【電話番号】〇八八八―五一〇七七九七
【ホームページ】http://www.ljshuhe.com/（東河古鎮のホームページ）

《第二章》

大阪市立自然史博物館

ドングリのことを知るには最適の施設。楽しいドングリグッズも販売している。

【所在地】〒五四八―〇〇三四　大阪市東住吉区長居公園一―二三
【電話】〇六―六六九七―六二二一
【ホームページ】http://www.mus-nh.city.osaka.jp/

月桂冠大倉記念館

京都・伏見の酒造りの技と日本酒の歴史、文化を学べる施設。左党には必見。

【所在地】〒六一二―八〇四三 京都府京都市伏見区南浜町二四七
【電話】〇七五―六二三―二〇五六
【ホームページ】http://www.gekkeikan.co.jp/enjoy/museum/

《第三章》

妙見神社

見上げるほどの高さの野生化したお茶の原木は見るだけで圧倒される。また、季節によってはお茶の花も見ることができる。

【所在地】〒八九八―〇〇二一　鹿児島県枕崎市寿町二五九番地
【電話】〇九九三―七二―二六二九

薩摩英国館

館内では薩摩と英国の歴史と共にお茶の産地でも

ある知覧ならではの緑茶、紅茶など様々なお茶について知ることができる。館外には茶が栽培されており、併設されたティールームではオリジナルの紅茶を飲むこともできる。

【所在地】〒八九七―〇三〇二　鹿児島県南九州市知覧町郡一三七四六―四

【電話】〇九九三―八三―三九六三

【ホームページ】http://www.satsuma-eikokukan.jp

多田元吉翁の碑

国産紅茶発祥の地とされる静岡県丸子(まりこ)に現在も国産紅茶生産の基礎を築いた多田元吉（一八二九―一八九六）が持ち帰った茶の原木が元吉の墓地に至る石段の両脇に移植されている。

【所在地】〒四二一―〇一〇三　静岡県静岡市駿河区丸子六八五〇（起樹天満宮内）

中国茶葉博物館

中国茶の生産、文化、発展史、茶器などを常時展示する中国茶総合博物館。茶葉販売も行われる。

【所在地】浙江省杭州西湖区龍井郷八八号双峰村

【電話】〇五七一―八七九六―四二二一

【アクセス】杭州市内から二七番、旅行線三番バスで直通。月曜日は休館日。

《第五章》

佐賀県立九州陶磁文化館

江戸時代の陶磁器の歴史が一目でわかる。食器が展示のほとんどを占めている。古伊万里の文様をみるだけでも楽しい。

【所在地】〒八四四―八五八五　佐賀県西松浦郡有田町戸杓乙三一〇〇―一

【電話】〇九五五―四三―三六八一

【ホームページ】https://saga-museum.jp/ceramic/

箸のふるさと館ＷＡＫＡＳＡ

伝統的な若狭塗り箸や日常使いのカジュアルなものまで約三〇〇〇種類に及ぶ箸を展示・販売。砥ぎだし体験もできる。

【所在地】〒九一七―〇〇〇一　福井県小浜市福谷八―一―三

【電話】〇七七〇―五二―一七三三

【ホームページ】http://www.wakasa-hashi.com/

【アクセス】ＪＲ小浜線「小浜駅」からあいあいバス「柏線」「八代線」にて「福谷」下車　徒歩三分

バタバタ茶伝承館

バタバタ茶の歴史や製造工程を学び、無料で試飲体験することができる。一〇人以上の場合は予約が必要。

【所在地】〒九三九―〇七一一　富山県下新川郡朝日町蛭谷四八四
【電話】〇七六五―八四―八八七〇
【アクセス】朝日ＩＣから車で二〇分

《第六章》

出島和蘭商館跡

復元整備事業により平成八年（一九九六）より現在まで一六棟の建物が復元されている。カピタン部屋の建物の二階大広間には「阿蘭陀冬至（クリスマス）」の宴席が再現されている。

【所在地】〒八五〇―〇八六二　長崎市出島六―一
【電話】〇九五―八二六―〇三三〇
【アクセス】長崎市電「出島」電停より徒歩すぐ

旧大連航路上屋

昭和四年（一九二九）に大連航路の旅客ターミナルである門司税関一号上屋として建てられた。エントランスホールでは門司港の歴史を展示している。

【所在地】〒八〇一―〇八四一　北九州市門司区西海岸一―三―五
【電話】〇九三―三二一―五〇二〇
【アクセス】ＪＲ門司港駅から徒歩一〇分

《第七章》

台北市鐵観音包種茶研發推廣中心

鐵観音と包種茶の製茶道具などを展示している小さい博物館。無料でお茶の試飲もできる。

【所在地】台北市文山区指南路三段四〇巷八―二號
【電話】〇二―二二三四〇五六八
【アクセス】台北市内から地下鉄で動物園駅へ、動物園駅からロープウェイで猫空駅まで。月曜日は休館日。

香港ラーメンストリート

日本ラーメン屋が多数集まる地域。日本各地の様々な味のラーメンを楽しむことができる。

【所在地】香港特別行政区銅鑼彎軒尼詩道（ヘネシーロード）、登龍街、羅素街、謝斐道の一帯

【アクセス】地下鉄港島線銅鑼湾駅下車

あとがき

本書は二〇一一年（平成二三）四月から二年間にわたって財団法人北九州市芸術文化振興財団が発行していた月刊誌『ひろば北九州』に二四回にわたって連載された『新・食物考』をもとにして、二〇一三（平成二五）から三年間の九州外来食文化研究会例会における報告内容をまとめたものである。連載から八年、最初の原稿の入稿からすでに三年を経過した背景には、本の構成をどうするかという議論に一年以上も費やしたこと、大学院生であった上野さん小野さん以後、食文化を研究する大学院生がいなかったため研究会の手伝いをしてくれる人がいなくなってしまったことや、二〇一七年から大学院研究科長を引き受けたことにより研究会そのものを開催する余裕がなくなってしまったことがある。会員それぞれも退職、転職、結婚、出産と人生の節目を迎えている。原稿をお寄せいただいた執筆者には深くお詫びするとともに、それぞれの益々の発展を願って已まない。

厳しい出版事情の中で九年前（二〇一一年刊）の拙著『砂糖の通った道—菓子から見た社会史』

に引き続き弦書房に出版をお引き受けいただけたことは幸いであったが、以上のごとき事情から編集・校正に手間取り、新型コロナウィルス流行の最中となってしまった。最後になったが図版の使用にあたっては北九州市芸術文化振興財団、東京都歴史文化財団、北九州市立自然史・歴史博物館のご理解をいただいたことに御礼申し上げたい。読者がこの本を手に取るころには少しでも終息に向かっていることを祈るばかりである。

二〇二〇年七月

編者

参考文献

《第一章》

石毛直道監修、熊倉功夫責任編集『講座食の文化　第二巻　日本の食事文化』勉誠出版、一九九九年

上野稔弘「納西族地区における馬幇活動の考察」佐野賢治編『納西族・彝族の民族文化』勉誠出版、一九九九年

上山春平編『照葉樹林文化　日本文化の深層』中央公論社、一九六九年

木斉弘他『茶馬古道』雲南人民出版社、二〇一四年

栗原悟「清末民国期の雲南における交易網と輸送網―馬幇のはたした役割について―」『東洋史学』第五一巻第一号、一九九〇年

栗原悟「雲南史研究の諸問題―その課題と展望」『東南アジア―歴史と文化』一七号、出川出版社、一九九八年

佐々木高明『照葉樹林文化とは何か　東アジアの森が生み出した文明』中央公論社、二〇〇七年

高野秀行『謎のアジア納豆　そして帰ってきた〈日本納豆〉』新潮社、二〇一六年

竹田武史『茶馬古道の旅　中国のティーロードを訪ねて』淡交社、二〇一〇年

鄧啓耀『霊性高原―茶馬古道尋訪』浙江人民出版社、一九九八年

西幹夫他『中国貴州省少数民族の暮らしと祭り　苗族・トン族・プイ族・老漢族の村々を行く』文理閣、二〇〇八年

横山智『納豆の起源』日本放送協会出版、二〇一四年

《第二章》

江戸遺跡研究会編『図説江戸考古学研究事典』柏書房、二〇〇一年

小畑弘己他「考古学者のためのドングリ識別法」『先史学・考古学論究Ⅳ』二〇〇三年

佐藤浩司他『北九州市埋蔵文化財調査報告書第二六二集　長野小西田遺跡2』（財）北九州市教育文化事業団、二〇〇一年

戸田熊次郎・狩野素川『久留米藩士　江戸勤番長屋絵巻（粉本）』江戸東京博物館所蔵

『弥生人の食卓―米食事始め―』大阪府立弥生文化博物館、一九九五年

『アジア文明交流展　邪馬台国への道のり』福岡県教育委員会、一九九三年

『平城京木簡一―長屋王木簡一』奈良国立文化財研究所、一九九五年

『平城京木簡二―長屋王木簡二』奈良国立文化財研究所、二〇〇一年

谷口俊治他『北九州市埋蔵文化財調査報告書第一九六集　小倉城跡2』（財）北九州市教育文化事業団　一九九七年

《第三章》

安次富順子『ブクブクー茶』ニライ社、一九九二年
池田博子「抹茶の起泡性に及ぼす湯温の影響」『日本調理科学会』三二巻三号、一九九九年
池田博子「抹茶の起泡性に及ぼす起泡速度と起泡時間の影響」『日本調理科学会』三二巻三号、一九九九年
池田博子「水の硬度が抹茶の起泡性に及ぼす影響」『日本調理科学会誌』三九巻四号、二〇〇六年
池田博子・園田純子・沢村信一「ブクブク—茶の起泡性に及ぼす諸条件の影響」『日本調理科学会誌』四〇巻六号、二〇〇七年
岡本啓『和紅茶の本 選び方から美味しい淹れ方まで』㈱パレード、一〇一三年
川口國昭・多田節子『茶業開化 明治発展史と多田元吉』全貌社、一九八九年
『国産要覧 昭和九年』日本商工会議所、一九三四年
沢村信一・一谷正巳・池田博子・園田純子「粒度の異なる抹茶の起泡性と泡沫径」『日本食品科学工学会誌』五九巻三号、二〇一二年
主婦の友社編『決定版 お茶大図鑑』主婦の友社、二〇〇五年
成美堂出版編集部編『ハーブティー・カクテルティーの事典』成美堂出版、二〇〇三年
田中京子「かごしま彩時記」『南日本新聞』、二〇一〇年
『茶大百科 全二巻』農山漁村文化協会、二〇〇八年
角山栄『茶の世界史』中央公論社、一九八〇年
山田新市『日本喫茶世界の成立—探茶論の方法—』ラ・テール出版局、一九九八年
『緑茶通信』第十三号、世界緑茶協会、二〇〇五年

《第四章》

佐藤浩司「小倉名物三官飴とその容器について」『研究紀要』第十四号、北九州市教育文化事業団埋蔵文化財調査室、二〇〇〇年
福岡県博物館協議会編『福岡県の絵馬 第三集』一九九九年
『小倉市誌 上編』小倉市役所、一九二一年
玉江彦太郎『行事飴屋盛衰私史』海鳥社、一九九八年

《第五章》

石毛直道『麵の文化史』講談社 二〇〇六年
王仁湘『中国 食の文化誌』原書房、二〇〇七年
沢村信一「一六世紀出土品にみる茶筅の発達」『茶の湯文化学』一八号、二〇一一年
玉江彦太郎『行事飴屋盛衰私史』海鳥社、一九九八年
三田村有純『お箸の秘密』里文出版、二〇〇九年

《第六章》

宇都宮由佳「ポルトガルの伝統菓子Fios de ovosのアジアへの伝播—ゴア（インド）、タイ、日本の調査を通して—」『会誌食文化研究』第六号、二〇一〇年

片寄眞木子『南蛮料理のルーツを求めて』平凡社、一九九九年
東郷実・佐藤四郎『台湾植民発達史』晃文館、一九一六年
平田萬里遠「江戸時代における外国料理の書」（石毛直道編『論集　東アジアの食事文化』平凡社、一九八五年）
松井斌二著・小倉藩政史研究会編『豊前史料集成　三倉藩時式・龍吟成夢』小倉藩政史研究会、一九九四年
『門司市史』門司市役所、一九三三年
『台湾製糖株式会社史』一九三九年
『北九州市史　近代産業経済』北九州市、一九八七年
『北九州市史　近代行政社会』北九州市、一九九一年
松浦章『近代日本中国台湾航路の研究』清文堂、二〇〇五年
八百啓介著『砂糖の通った道　菓子から見た社会史』弦書房、二〇一一年

《第七章》

石毛直道「ニューヨークのレストラン事情」『Ｖｅｓｔａ』七〇号、味の素食の文化センター、二〇〇八年
石毛直道・小山修三・山口昌伴・栄久庵祥二『ロスアンジェルスの日本料理店―その文化人類学的研究―』ドメス出版、一九八五年
柯一薫「東アジア茶文化比較研究―日本と台湾の交流と影響―」『国際日本研究』第三号、二〇一〇年
小菅恵子『カレーライスの誕生』講談社、二〇〇二年
コーリン・テイラー・セン著、武田円訳『カレーの歴史』社原書房、二〇一三年
重光克昭『中国で一番成功している日本の外食チェーンは熊本の小さなラーメン屋だって知ってますか?』二〇一〇年
高橋拓児『十品でわかる日本料理』日本経済新聞出版社、二〇一三年
張宏庸『台灣傳統茶藝文化傳藝中心、一九九九年
中澤弥子「日本の食文化を通したヨーロッパでの文化交流」『日本調理科学会誌第四八巻五号、二〇一五年
范増平『茶藝学』（修訂版）萬巻楼図書股份有限公司、二〇〇二年
Ｖｅｓｔａ編集部「アメリカにおける日本食―対米輸出ビジネスの歴史と展望―」『Ｖｅｓｔａ』七〇号、味の素食の文化センター、二〇〇八年
森枝卓士『カレーライスと日本人』講談社現代新書、一九八九年
「日本食品に対する海外消費者意識アンケート調査」日本貿易振興機構（ジェトロ）農林水産・食品調査課、二〇一三年
「日本食・食文化の海外普及について」農林水産省、二〇一三年
『芳茗遠播　亞洲茶文化』国立故宮博物院、二〇一五年

〈執筆者紹介〉

池田博子（いけだ・ひろこ）
一九四五年、山口県生まれ。一九六八年奈良女子大学家政学部食物学科卒業。元西南女学院大学短期大学部教授。主な著書に『操作別調理学実習』（共著）（同文書院、一九八四）。

上野晶子（うえの・あきこ）
一九八二年、山口県生まれ。北九州市立大学大学院社会システム研究科博士後期課程修了。学術博士。北九州市立自然史・歴史博物館学芸員。主な著書に『日蘭関係史をよみとく 上巻』（共著）（臨川書店、二〇一五年）。

牛嶋英俊（うしじま・えいしゅん）
一九四五年、福岡県生まれ。同志社大学文学部卒業。主な著書に『飴と飴売りの文化史』（弦書房、二〇〇九年）、『日本の食文化6 菓子と果物』（共著）（吉川弘文館、二〇一九年）。

小野智美（おの・さとみ）
一九七三年、福岡県生まれ。北九州市立大学院人間文化研究科修了。主な論文に「一七世紀から一八世紀のイギリスにおける喫茶の普及について」（『北九州市立大学院紀要』第二二号、二〇〇九年）。

金縄初美（かねなわ・はつみ）
一九六七年、福岡県生まれ。西南学院大学国際文化学部教授。文学博士。主な著書に『つながりの民族誌——中国摩梭人の母系社会における「共生」への模索』（春風社、二〇一六年）、主な論文に「中国少数民族の歌唱文化——中国雲南省・納西族を例にして——」（『西南学院大学国際文化論集』第三二巻二号、二〇一九年）。

佐藤浩司（さとう・こうじ）
一九五五年、福岡県生まれ。元北九州市芸術文化振興財団埋蔵文化財調査室長。現在は日本考古学協会埋蔵文化財保護対策委員会幹事。主な論文に「小倉名物三官飴とその容器について」（『北九州市教育文化事業団埋蔵文化財調査室研究紀要』第一四号、二〇〇〇年）。

馬叢慧（ま・そうけい）
一九七七年、中国吉林省生まれ。下関市立大学特任教員。主な著書に『売茶翁の逍遥遊』（駿河台出版社、二〇二〇年）、主な論文に「従茶葉看中国茶文化在日本的傳播与発展」（『農業考古 中国茶文化専号』二〇一三―五、二〇一三年）。

八百啓介（やお・けいすけ）
一九五八年、福岡県生まれ。九州大学大学院文学研究科博士後期課程単位取得退学。文学博士。北九州市立大学文学部教授。主な著書に『近世オランダ貿易と鎖国』（吉川弘文館、一九九八年）、『砂糖の通った道——菓子から見た社会史』（弦書房、二〇一一）。

外来食文化と日本人

二〇二〇年 九 月三〇日発行

編著者 八百啓介・九州外来食文化研究会

発行者 小野静男

発行所 株式会社 弦書房
（〒810・0041）
福岡市中央区大名二—二—四三
ＥＬＫ大名ビル三〇一
電　話 〇九二・七二六・九八八五
ＦＡＸ 〇九二・七二六・九八八六

組版・製作 合同会社キヅキブックス
印刷・製本 シナノ書籍印刷株式会社

ISBN978-4-86329-205-5 C0021

◆弦書房の本

砂糖の通った道
菓子から見た社会史

八百啓介 砂糖と菓子の由来を訪ねポルトガル、長崎、台湾へ。それぞれの菓子はどのような歴史的背景の中で生まれたのか。長崎街道の菓子老舗を訪ね、ポルトガルの菓子を食べ、史料を分析して見えてくる〈菓子の履歴書〉 〈四六判・２００頁〉**【2刷】１８００円**

飴と飴売りの文化史

牛嶋英俊 砂糖伝来以前からあった甘味料〈飴〉の知られざる事実。古代中世の水飴から現代のトレハロースまで、国民的伝統甘味料として様々に用いられてきた飴と飴売りの歴史をひもとく。 〈Ａ５判・１８６頁〉**２０００円**

魚と人をめぐる文化史

平川敬治 アユ、フナの話からヤマタロウガニ、クジラまで。川から山へ海へ、世界各地の食文化、漁の文化へと話がおよぶ。魚の獲り方食べ方祀り方を比較。日本から西洋にかけての比較〈魚〉文化論。有明海と筑後川から世界をみる。 〈Ａ５判・２２４頁〉**２１００円**

タコと日本人　獲る・食べる・祀る

平川敬治 世界一のタコ食の国・日本。〈海の賢者〉タコの奇妙な習性を利用したタコ壺漁の話やタコ食文化、タコの伝説など、考古学的、民族学的、民俗学的な視点をもり込んで、タコと日本人と文化について考える比類なき《タコ百科》 〈Ａ５判・２２０頁〉**２１００円**

鯨取り絵物語
【第23回地方出版文化功労賞】

中園成生・安永浩 日本の捕鯨の歴史・文化を近世に描かれた貴重な鯨絵をもとに読み解く。鯨とともに生き、それを誇りとした日本人の姿がここにある。秀麗な絵巻「鯨魚鑬笑録」をカラーで完全収録（翻刻付す）。他鯨図版多数。 〈Ａ５判・３３６頁〉**【2刷】３０００円**

＊表示価格は税別